DE LA PAIX PERPÉTUELLE

ESSAI PHILOSOPHIQUE - ÉLÉMENTS MÉTAPHYSIQUES DE LA DOCTRINE DU DROIT

EMMANUEL KANT

Traduction par
JULES BARNI

FV ÉDITIONS

TABLE DES MATIÈRES

À LA PAIX PERPÉTUELLE. 5
1. PREMIÈRE SECTION CONTENANT LES ARTICLES PRÉLIMINAIRES D'UNE PAIX PERPÉTUELLE ENTRE LES ÉTATS. 7
2. DEUXIÈME SECTION CONTENANT LES ARTICLES DÉFINITIFS D'UN TRAITÉ DE PAIX PERPÉTUELLE ENTRE LES ÉTATS. 16
PREMIER SUPPLÉMENT. DE LA GARANTIE DE LA PAIX PERPÉTUELLE. 34
DEUXIÈME SUPPLÉMENT. ARTICLE SECRET D'UN PROJET DE PAIX PERPÉTUELLE. 46
APPENDICE 49

À LA PAIX PERPÉTUELLE.

À LA PAIX PERPÉTUELLE.

Cette inscription satirique, qu'on lisait sur l'enseigne d'un aubergiste hollandais où était peint un cimetière, s'applique-t-elle aux *hommes* en général, ou particulièrement aux souverains, toujours insatiables de guerre, ou bien seulement aux philosophes qui se livrent à ce doux rêve ? C'est ce qu'il est inutile d'examiner. Mais les politiques pratiques s'étant mis sur le pied de traiter du haut de leur dédain les politiques théoriciens comme des pédants à idées creuses, incapables de porter le moindre préjudice à l'État, qui doit tirer ses principes de l'expérience, ou comme des joueurs inexpérimentés auxquels, pour peu que l'on soit *habile*, on peut rendre presque tous les points, sans s'inquiéter du résultat, l'auteur de cet écrit demande que, dans le cas où les opinions qu'il se hasarde à publier ne conviendraient pas à ces politiques si dédaigneux, ils veuillent bien se montrer conséquents avec eux-mêmes, en n'y cherchant pas quelque danger pour l'État ; – *clause de salut* (*clausula salvatoria*) par laquelle il prétend expressément se garantir, en bonne forme, de toute interprétation malveillante.

1
PREMIÈRE SECTION CONTENANT LES ARTICLES PRÉLIMINAIRES D'UNE PAIX PERPÉTUELLE ENTRE LES ÉTATS.

« Nul traité de paix ne peut être considéré comme tel, si l'on s'y réserve secrètement quelque sujet de recommencer la guerre. »

Un pareil traité ne serait en effet qu'un simple armistice, une suspension d'armes, et non la *paix*, qui signifie la fin de toutes les hostilités, et à laquelle on ne peut ajouter l'épithète *perpétuelle* sans commettre par là même un pléonasme suspect. Le traité de paix anéantit tous les sujets de guerre qui peuvent s'offrir et qui peut-être même sont actuellement inconnus des parties contractantes, fussent-ils déterrés dans les documents des archives avec la plus merveilleuse habileté. — Se réserver méchamment de faire valoir plus tard, à la première occasion favorable, de vieilles prétentions, dont aucune partie ne peut faire actuellement mention, parce que toutes deux sont trop épuisées pour faire la guerre, c'est là une restriction mentale (*reservatio mentalis*) qu'il faut laisser à la casuistique des jésuites, et qui est au-dessous de la dignité des souverains, de même qu'il est au-dessous de celle de leurs ministres de se prêter à de semblables calculs. C'est ainsi qu'en jugera quiconque voudra bien voir la chose comme elle est. —

Mais, si, selon certaines idées qu'invoque la politique, la véritable gloire de l'État consiste à accroître continuellement sa puissance, par quelque moyen que ce soit, ce jugement n'est plus sans doute qu'une pédanterie scolastique.

II. « Aucun État indépendant (petit ou grand, cela ne fait rien ici) ne peut être acquis par un autre, par voie d'héritage, d'échange, d'achat ou de donation. »

Un État n'est pas en effet (comme le sol où il réside) un bien (*patrimonium*) ; c'est une société d'hommes à laquelle ne peut commander et dont ne peut disposer personne, si ce n'est elle-même. Il a, comme une souche, ses propres racines ; et l'incorporer, comme une greffe, à un autre État, c'est lui enlever son existence de personne morale pour en faire une chose, ce qui est contraire à l'idée du contrat originaire sans laquelle on ne saurait concevoir de droit sur un peuple[1]. Chacun sait à quel danger l'Europe s'est vue exposée jusqu'à nos jours, par suite de ce préjugé auquel ont échappé les autres parties du monde, et qui permet aux États de s'épouser entre eux ; nouveau genre d'industrie par lequel on peut, au moyen de pactes de famille et sans aucun déploiement de forces, acquérir une puissance démesurée ou étendre indéfiniment ses possessions. — Par la même raison un État ne doit pas mettre ses troupes à la solde d'un autre contre un ennemi qui n'est pas commun ; car c'est employer les sujets comme des choses dont on peut user et abuser à son gré.

III. « Les armées permanentes (*miles perpetuus*) doivent entièrement disparaître avec le temps. »

Car, paraissant toujours prêtes pour le combat, elles menacent incessamment les autres puissances de la guerre, et elles excitent les États à se surpasser les uns les autres par la quantité de leurs troupes. Cette rivalité, qui ne connaît pas de bornes, est une source de dépenses qui finissent par rendre la paix plus onéreuse encore qu'une courte guerre, et elle pousse elle-même à entreprendre des hostilités pour se délivrer de cette charge. Ajoutez à cela que payer des hommes pour qu'ils tuent ou se fassent tuer, c'est, à ce qu'il semble, les traiter comme de pures machines ou comme des instruments entre les mains d'autrui (de l'État), ce qui ne s'accorde guère avec le droit de l'humanité qui réside en notre propre personne[2]. Il en est tout autrement des exercices militaires auxquels se livrent volontairement et périodiquement les citoyens pour se garantir, eux et leur patrie, des agressions du dehors. — L'accumulation d'un trésor aurait le même effet qu'une armée permanente ; considérée par les autres États comme une menace de guerre, elle les forcerait à prévenir par leurs attaques celles dont ils se verraient menacés (car de ces trois puissances, celle des *armées*, celle des *alliances* et celle de *l'argent*, la dernière serait celle qui pousserait le plus certainement à la guerre, n'était la difficulté d'en connaître au juste la grandeur.

IV. « On ne doit point contracter de dettes nationales en vue des intérêts extérieurs de l'État. »

Chercher des ressources au dedans ou au dehors dans l'intérêt de l'économie du pays (pour l'amélioration des routes, la fondation de nouvelles colonies, l'établissement de magasins pour les années stériles, etc.) ne présente rien de suspect. Mais il n'en est pas de même de ce système de crédit, — invention ingénieuse d'une nation commerçante de ce siècle, — où les dettes croissent indéfiniment, sans qu'on soit jamais embarrassé du remboursement actuel (parce que les créanciers ne l'exigent pas tous à la fois) : comme moyen d'action d'un État sur les autres, c'est une puissance pécuniaire dangereuse ; c'est en effet un trésor tout prêt pour la guerre, qui surpasse les trésors de tous les autres États ensemble et ne peut être épuisé que par la chute des taxes, dont il est menacé dans l'avenir (mais qui peut être retardée longtemps encore par la prospérité du commerce et la réaction qu'elle exerce sur l'industrie et le gain). Cette facilité de faire la guerre, jointe au penchant qui y pousse les souverains et qui semble inhérent à la nature humaine, est donc un grand obstacle à la paix perpétuelle ; et il est d'autant plus urgent de faire de l'abolition de cet obstacle un article préliminaire de ce traité de paix perpétuelle, que tôt ou tard il en résulterait inévitablement une banqueroute nationale, où bien d'autres États se trouveraient innocemment enveloppés et qui leur causerait ainsi un dommage public. Ils ont donc au moins le droit de se liguer contre un État qui se permettrait pareille chose.

V. « Aucun État ne doit s'immiscer de force dans la constitution et le gouvernement d'un autre État. »

Car par quoi y peut-il être autorisé ? Par le scandale donné à ses propres sujets ? Mais ce scandale est bien plutôt de nature à lui servir de leçon, en lui donnant le spectacle des maux affreux qu'un peuple s'attire par une licence effrénée ; et en général le mauvais exemple qu'une personne libre donne aux autres (comme *scandalum acceptum*) ne constitue pas pour elles une lésion. — Il n'en serait plus de même, à la vérité, si, par l'effet d'une discorde intérieure, un État se divisait en deux parties, dont chacune formerait un État particulier qui prétendrait dominer le tout ; ce ne serait plus s'immiscer dans la constitution d'un autre État (puisqu'il y aurait alors anarchie), que de prêter assistance à l'une des deux parties contre l'autre. Mais, tant que cette discorde intérieure n'en est pas venue là, les puissances extérieures ne sauraient s'immiscer dans les affaires d'un peuple indépendant de tout autre et luttant contre ses propres maux, sans violer ses droits, sans donner elles-mêmes par conséquent l'exemple du scandale, et sans mettre en péril l'autonomie de tous les États.

VI. « Nul État ne doit se permettre, dans une guerre avec un autre, des hostilités qui rendraient impossible, au retour de la paix, la confiance réciproque, comme, par exemple, l'emploi d'*assassins* (*percussores*), d'*empoisonneurs* (*venefici*), la *violation d'une capitulation*, l'*excitation à la trahison* (*perduellio*) dans l'État auquel il fait la guerre, etc. »

Ce sont là de honteux stratagèmes. Il faut qu'il reste encore, au milieu de la guerre, quelque confiance dans les sentiments de l'ennemi ; autrement il n'y aurait plus de traité de paix possible, et les hostilités dégénéreraient en une guerre d'extermination (*bellum internecinum*), tandis que la guerre n'est que le triste moyen auquel on est condamné à recourir dans l'état de nature, pour soutenir son droit par la force (puisqu'il n'y a point de tribunal établi qui puisse juger juridiquement). Aucune des deux parties ne peut être tenue pour un ennemi injuste (puisque cela supposerait déjà une sentence juridique), mais l'*issue* du combat (comme dans ce que l'on appelait les jugements de Dieu) décide de quel côté est le droit. Une guerre de punition (*bellum punitivum*) entre les États ne saurait se concevoir (puisqu'il n'y a entre eux aucun rapport de supérieur à inférieur). — Il suit de là qu'une guerre d'extermination, pouvant entraîner la destruction des deux parties et avec elle celle de toute espèce de droit, ne laisserait de place à la paix perpétuelle que dans le vaste cimetière du genre humain. Il faut donc absolument interdire une pareille guerre, et par conséquent aussi l'emploi des moyens qui y conduisent. — Or il évident que les moyens indiqués tout à l'heure y mènent infailliblement ; car, si l'on met une fois en usage ces pratiques infernales, qui sont infâmes par elles-mêmes, elles ne s'arrêteront pas avec la guerre, mais elles passeront jusque dans l'état de paix, et elles en détruiront absolument le but. Tel est, par exemple, l'emploi des espions (*uti exploratoribus*), où l'on se sert de l'infamie des autres (infamie qu'on ne peut plus ensuite extirper entièrement).

Quoique les lois indiquées ne soient objectivement, c'est-à-dire dans l'intention des puissances, que des *lois prohibitives* (*leges prohibitivæ*), il y en a cependant quelques-unes de *strictes* (*leges strictæ*), c'est-à-dire qui sont indépendantes de toutes les circonstances et qui veulent être observées *sur-le-champ* (telles sont celles des n° I, V, VI), tandis que d'autres (comme celles des n° II, III, IV), sans faire exception à la règle du droit, sont *subjectivement* larges (*leges latæ*), la faculté de les *exécuter* dépendant des circonstances, et souffrent quelque *ajournement* dans l'exécution, sans permettre toutefois qu'on perde de vue leur but et que l'on prolonge indéfiniment ce délai, par exemple que l'on ajourne indéfiniment (que l'on renvoie *ad calendas græcas*, comme avait coutume de dire Auguste) la *restitution* de leur liberté à certains États (conformément au n° II). Par conséquent il n'est pas permis de ne pas faire cette restitution ; il est permis seulement de l'ajourner, de peur que, par trop de précipitation, on n'aille contre le but même qu'on se propose. La défense ne concerne ici que le *mode d'acquisition* à observer à l'avenir, et non pas l'*état de possession*, qui, sans avoir le titre de droit nécessaire, a été dans son temps (à l'époque de la prétendue acquisition), tenu pour légitime pour les autres États, suivant l'opinion publique d'alors[3].

---

1. Un royaume héréditaire n'est pas un État qui puisse passer par voie d'héritage à un autre État, mais où le droit de gouverner peut être transmis par cette voie à une autre personne physique. L'État acquiert alors un chef ; mais celui-ci, comme

tel (c'est-à-dire s'il possède déjà un autre royaume), n'acquiert pas l'État.
2. Un prince bulgare répondit à un empereur grec qui lui proposait généreusement on combat singulier pour terminer leur différend sans verser le sang de leurs sujets : « Un forgeron qui a des tenailles ne retire pas avec ses mains le fer chaud du brasier. »
3. Ce n'est pas sans fondement qu'on a jusqu'ici douté si, outre le commandement (*leges præceptitæ*) et la défense (*leges prohibitivæ*), il peut y avoir encore des *lois permissives* (*leges permissivæ*) de la raison pure. Car les lois en général contiennent le principe d'une nécessité pratique objective, tandis qu'une permission indique simplement la possibilité de faire certaines actions ; une loi permissive impliquerait donc la contrainte de faire une action à laquelle chacun peut n'être pas contraint, ce qui serait une contradiction, si l'objet de la loi avait le même sens sous les deux rapports. — Mais, dans la loi permissive dont il s'agit ici, la défense ne se rapporte qu'au futur mode d'acquisition d'un droit (par exemple par héritage), tandis que l'exemption de cette défense, c'est-à-dire la permission, regarde l'état de possession actuelle. Or, dans le passage de l'état de nature à l'état civil, cette possession, quoiqu'elle ne soit pas légitime, peut être maintenue comme *loyale*, en vertu d'une loi permissive du droit naturel. Cependant une possession putative (*possessio putativa*), dés qu'elle est reconnue pour telle, est interdite dans l'état de nature, et il en est de même, dans l'état civil qui lui succède (le passage une fois fait), de ce mode d'acquisition. En effet, si une pareille acquisition avait lieu dans l'état civil, ce droit de possession durable n'existerait plus ; car, l'illégitimité de cette possession découverte, elle devrait cesser aussitôt, comme une lésion du droit.

Je n'ai voulu par là qu'attirer en passant l'attention des docteurs en droit naturel sur l'idée d'une *lex permissiva*, qui s'offre d'elle-même à toute raison systématique, principalement parce qu'on en fait un usage fréquent, dans les lois civiles (positives), mais avec cette différence, que la loi prohibitive s'y montre seule, et que la permission n'y est pas insérée (ainsi qu'elle devrait l'être) comme condition restrictive, mais qu'elle est rejetée parmi les exceptions. — On dit : ceci ou cela est défendu, excepté 1°, 2°, 3° et ainsi on ajoute indéfiniment les exceptions à la loi, non pas d'après un principe, mais au hasard et suivant les cas qui se présentent ; car autrement les conditions seraient insérées *dans la formule de la loi prohibitive*, qui deviendrait alors une loi permissive. Aussi est-il très regrettable qu'on ait sitôt abandonné la question proposée par le sage et profond *comte de Windischgraetz*, qui avait précisément insisté sur ce dernier point, dans son problème ingénieux, mais resté sans solution. Tant qu'on n'aura pas établi la possibilité d'une semblable formule (analogue à celle des sciences mathématiques), on n'aura pas de véritable pierre de touche pour juger si une législation demeure conséquente avec elle-même, et ce que l'on appelle *jus certum* ne sera toujours qu'un vœu pieux. — On aura bien des lois *générales*, mais non des lois *universelles*, comme semble l'exiger l'idée même de loi.

2
DEUXIÈME SECTION CONTENANT LES ARTICLES DÉFINITIFS D'UN TRAITÉ DE PAIX PERPÉTUELLE ENTRE LES ÉTATS.

L'état de paix parmi les hommes vivant les uns à côté des autres n'est pas un état de nature (*status naturalis*), lequel est bien plutôt un état de guerre, sinon toujours déclarée, du moins toujours menaçante. Il a donc besoin d'être *établi* ; car la cessation des hostilités n'est pas encore une garantie, et si un voisin n'obtient pas d'un autre cette garantie (ce qui ne peut avoir lieu que dans un état *légal*), il peut traiter en ennemi celui de qui il l'a vainement sollicitée[1].

PREMIER ARTICLE DÉFINITIF D'UN TRAITE DE PAIX PERPÉTUELLE.

La constitution civile de chaque État doit être républicaine.
La seule constitution qui dérive de l'idée du contrat originaire, sur laquelle doit être fondée toute législation juridique d'un peuple, est la constitution

républicaine ; elle se fonde : 1° sur le principe de la *liberté* des membres d'une société (comme hommes) ; 2° sur celui de la *soumission* de tous (comme sujets) à une législation unique et commune ; 3° sur la loi de l'*égalité* de tous les sujets (comme citoyens)[2]. Cette constitution est donc en soi, pour ce qui concerne le droit, celle qui sert originairement de base à toutes les espèces de constitution civile. Reste seulement à savoir si elle est la seule qui puisse amener une paix perpétuelle.

Or la constitution républicaine, outre la pureté qui distingue son origine, puisqu'elle dérive de la source pure de l'idée du droit, a encore l'avantage de nous montrer en perspective l'effet que nous souhaitons, c'est-à-dire la paix perpétuelle ; en voici la raison. — Lorsque (comme cela doit nécessairement être dans une constitution républicaine) la question de savoir si la guerre aura lieu ou non ne peut être décidée que par le suffrage des citoyens, il n'y a rien de plus naturel qu'ayant à décréter contre eux-mêmes toutes les calamités de la guerre, ils hésitent beaucoup à s'engager dans un jeu si périlleux (car il s'agit pour eux de combattre en personne ; de payer de leur propre avoir les frais de la guerre ; de réparer péniblement les dévastations qu'elle laisse après elle ; enfin, pour comble de maux, de contracter une dette nationale, qui rendra amère la paix même et ne pourra jamais être acquittée, parce qu'il y aura toujours de nouvelles guerres). Au lieu que, dans une constitution où les sujets ne sont pas citoyens, et qui par conséquent n'est pas républicaine, une déclaration de guerre est la chose la plus aisée du monde, puisque le souverain, propriétaire et non pas membre de l'État, n'a rien à craindre pour sa table, sa chasse, ses maisons de plaisance, ses fêtes de cour, etc., et qu'il peut la décider comme une sorte de partie de plaisir, pour les raisons les plus frivoles, et en abandonner indifféremment la justification, exigée par la bienséance, au corps diplomatique, qui sera toujours prêt à la fournir.

∽

Pour que l'on ne confonde pas (comme on le fait communément) la constitution républicaine avec la démocratique, je dois faire les remarques suivantes. Les formes d'un État (*civitas*) peuvent être divisées, soit d'après la différence des personnes qui jouissent du souverain pouvoir, soit d'après la *manière* dont le peuple est *gouverné* par son souverain, quel qu'il soit. La première est proprement la forme de la *souveraineté* (*forma imperii*), et il ne peut y en avoir que trois : en effet, ou bien *un seul*, ou bien *quelques-uns* unis entre eux, ou bien *tous* ceux ensemble qui constituent la société civile possèdent le souverain pouvoir (*autocratie, aristocratie* et *démocratie*, pouvoir du prince, pouvoir de la noblesse et pouvoir du peuple). La seconde est la forme du gouvernement (*forma regiminis*) ; elle concerne le mode, fondé sur la constitution (sur l'acte de la volonté générale, qui fait d'une multitude un peuple), suivant lequel l'État fait usage de sa souveraine puissance, et elle est sous ce rapport ou *républicaine* ou *despotique*. Le *républicanisme* est le principe politique de la séparation du pouvoir exécutif (du gouvernement) et du pouvoir législatif ; le *despotisme* est le gouvernement où le chef de l'État exécute arbitrairement les lois qu'il s'est données à lui-même, et où par conséquent il substitue sa volonté particulière à la volonté publique. — Parmi les trois formes politiques, indiquées plus haut, celle de la *démocratie*, dans le sens propre de ce mot, est nécessairement un *despotisme*, puisqu'elle établit un pouvoir exécutif, où tous décident sur et même contre un seul (qui ne donne pas son assentiment), et où par conséquent la volonté de tous n'est pas celle de tous, ce qui est une contradiction de la volonté générale avec elle-même et avec la liberté.

Toute forme de gouvernement, qui n'est pas *représentative*, n'en est pas proprement une, car le législateur ne peut être en une seule et même personne l'exécuteur de sa volonté (de même que dans un syllogisme l'universel de la majeure ne peut être en même temps dans la mineure la subsomption du particulier sous l'universel) ; et, quoique les deux autres formes politiques aient toujours l'inconvénient d'ouvrir la voie à ce mode de gouvernement, il leur est du moins possible d'admettre un mode de gouvernement conforme à l'esprit du système représentatif, comme Frédéric II le déclarait au moins, en disant qu'il n'était que le premier serviteur de l'État[3] ; au lieu que la *démocratie* rend ce mode de gouvernement impossible, puisque chacun y veut être maître. — On peut donc affirmer que plus est petit le personnel du pouvoir politique (le nombre des gouvernants), et plus au contraire est grande leur représentation, plus la constitution politique se rapproche du républicanisme et peut espérer de s'y élever enfin par des réformes successives. C'est pour cette raison que dans l'aristocratie il est déjà plus difficile que dans la monarchie d'arriver à cette constitution juridique, la seule qui soit parfaite, et que dans la démocratie il est impossible d'y arriver autrement que par une révolution violente. Mais le mode de gouvernement[4] est, sans aucune comparaison, beaucoup plus important pour le peuple que la forme de l'État (quoique le plus ou moins d'harmonie de cette dernière avec le but que je viens d'indiquer ne soit pas du tout chose indifférente). Or, pour être conforme à l'idée du droit, la forme du gouvernement doit être représentative ; c'est le seul système où un gouvernement républicain soit possible, et sans lui tout gouvernement (quelle qu'en soit d'ailleurs la constitution) est arbitraire et despotique. — Aucune des anciennes soi-disant républiques n'a connu ce système, et toutes ont dû nécessairement aboutir au despotisme, qui est encore le moins insupportable, quand il est celui d'un seul.

SECOND ARTICLE DÉFINITIF D'UN TRAITÉ DE PAIX PERPÉTUELLE.

Il faut que le droit des gens soit fondé sur une fédération d'États libres.

Il en est des peuples, en tant qu'États, comme des individus : dans l'état de nature (c'est-à-dire dans l'indépendance de toute loi extérieure), leur seul voisinage est déjà une lésion réciproque ; et, pour garantir sa sûreté, chacun d'eux peut et doit exiger des autres qu'ils entrent avec lui dans une constitution analogue à la constitution civile, où les droits de chacun puissent être assurés. Ce serait là une *fédération de peuples*, qui ne formeraient pas cependant un seul et même État. Il y aurait en effet contradiction dans cette idée ; car, comme chaque État suppose le rapport d'un *supérieur* (le législateur) à un *inférieur* (celui qui obéit, c'est-à-dire le peuple), plusieurs peuples réunis en un État ne formeraient plus qu'un peuple, ce qui est contraire à la supposition (puisque nous avons à considérer ici le droit des *peuples* entre eux, en tant qu'ils constituent autant d'États différents et ne devant pas se confondre en un seul et même État).

Si l'on ne peut voir sans un profond mépris les sauvages, dans leur amour d'une indépendance sans règle, aimer mieux se battre continuellement que se soumettre à une contrainte légale, constituée par eux-mêmes, et préférer ainsi une folle liberté à une liberté raisonnable, et si l'on regarde cela comme de la barbarie, comme un manque de civilisation, comme une dégradation brutale de l'humanité ; à combien plus forte raison des peuples civilisés (dont chacun forme un État constitué) ne devraient-ils pas se hâter de sortir d'une situation si dégradante ? Loin de là, chaque *État* fait justement consister sa majesté (car il est absurde de parler de la majesté populaire) à ne se soumettre à aucune contrainte légale extérieure, et le souverain met sa gloire à pouvoir disposer, sans avoir lui-même aucun péril à courir, de plusieurs milliers d'hommes qui se laissent sacrifier à une cause qui ne les concerne pas[5]. Toute la différence qui existe entre les sauvages de l'Amérique et ceux de l'Europe, c'est que les premiers ont déjà mangé plus d'une horde ennemie, tandis que les seconds savent tirer un meilleur parti des vaincus, et qu'ils préfèrent s'en servir pour augmenter le nombre de leurs sujets, et par conséquent aussi celui des instruments qu'ils destinent à de plus vastes conquêtes.

Quand on songe à la méchanceté de la nature humaine, qui se montre à nu dans les libres relations des peuples entre eux (tandis que dans l'état civil elle est très voilée par l'intervention du gouvernement), il y a lieu de s'étonner que le mot *droit* n'ait pas encore été tout à fait banni de la politique de la guerre comme une expression pédantesque, et qu'il ne se soit pas trouvé d'État assez hardi pour professer ouvertement cette doctrine. Car, jusqu'à présent, on a toujours cité bonnement, pour justifier une déclaration de guerre, *Hugo, Grotius, Puffendorff, Vattel* et autres (tristes consolateurs), quoique leur code, rédigé dans un esprit philosophique ou diplomatique, n'ait ou ne puisse avoir la moindre force *légale* (puisque les États ne sont pas soumis, comme tels, à une contrainte extérieure et commune) ; mais il est sans exemple qu'un État se soit décidé, par des arguments appuyés sur des autorités aussi respectables, à se désister de ses prétentions. — Toutefois cet hommage que chaque État rend à l'idée du droit (du moins en paroles) ne laisse pas de prouver qu'il y a dans l'homme une disposition morale, plus forte encore, quoiqu'elle sommeille pour un temps, à se rendre maître un jour du mauvais principe qui est en lui (et qu'il ne peut nier). Autrement les États qui veulent se faire la guerre ne prononceraient jamais le mot *droit*, à moins que ce ne fut par ironie, et dans le sens où l'entendait ce prince gaulois, en le définissant : « l'avantage que la nature a donné au plus fort de se faire obéir par le plus faible. »

Les États ne peuvent jamais, pour défendre leur droit, engager un procès, comme on fait devant un tribunal extérieur, et ils n'ont d'autre recours que la guerre ; mais la guerre et le succès de la guerre, la *victoire*, ne décide pas le moins du monde la question de droit ; et, si par un *traité de paix* on met fin à la guerre actuelle, on ne met pas fin pour cela à l'état de guerre (pour lequel on peut toujours trouver quelque nouveau prétexte, que nul n'est fondé à déclarer injuste, puisque dans cet état chacun est juge en sa propre cause). D'un autre côté, il n'en est pas du droit des gens relativement aux États comme du droit naturel relativement aux individus qui vivent sans loi et qu'il oblige « à sortir de cet état » (puisque les États ont déjà en eux une constitution juridique, et que par conséquent ils échappent à toute contrainte de la part de ceux qui voudraient les soumettre, d'après leurs idées de droit, à une constitution juridique plus étendue). Cependant la raison, du haut de son trône qui est la source suprême de toute législation morale, condamne absolument la guerre comme voie de droit, et elle fait de l'état de paix un devoir immédiat. Or, comme cet état ne peut être fondé et garanti sans un pacte des peuples entre eux, de là résulte la nécessité d'une alliance d'une espèce particulière, qu'on pourrait appeler *alliance de paix* (*fœdus pacificum*), et qui différerait du *traité de paix* (*pactum pacis*), en ce qu'elle terminerait à jamais toutes les guerres, tandis que celui-ci n'en finit qu'*une seule*. Cette alliance n'aurait pas pour but l'acquisition de quelque puissance de la part d'un État, mais simplement la conservation et la garantie de sa *liberté* et de celle des autres États alliés, sans qu'ils eussent besoin pour cela de se soumettre (comme les hommes dans l'état de nature) à des lois publiques et à une contrainte réciproque. — La possibilité de réaliser cette idée d'une *fédération*, qui doit s'étendre insensiblement à tous les États et les conduire ainsi à une paix perpétuelle (la réalité objective de cette idée) peut être démontrée. Car, si le bonheur voulait qu'un peuple puissant et éclairé se constituât en république (gouvernement qui, par sa nature, doit incliner à la paix perpétuelle), il y aurait dès lors un centre pour cette alliance fédérative : d'autres États pourraient s'y joindre, afin d'assurer leur liberté, conformément à l'idée du droit des gens, et elle s'étendrait chaque jour davantage par de nouvelles adjonctions.

Qu'un peuple dise : « Il ne doit point y avoir de guerre entre nous, car nous voulons nous constituer en État, c'est-à-dire nous donner à nous-mêmes un suprême pouvoir législatif, exécutif et judiciaire, qui termine pacifiquement tous nos différends ; » cela se comprend. — Mais si ce peuple dit : « Il ne doit point y avoir de guerre entre les autres États et moi, quoique je ne reconnaisse point de pouvoir législatif suprême, qui garantisse mon droit et à qui je garantisse le sien ; » on ne comprend pas sur quoi je veux fonder alors la confiance en mon droit, si ce n'est sur ce libre fédéralisme, supplément du lien de la société civile, que la raison doit nécessairement joindre à l'idée du droit des gens, pour que ce terme ne soit pas absolument vide de sens. L'idée du droit des gens, entendu dans le sens de droit *de guerre*, n'offre proprement aucun sens (puisque ce serait le droit de décider ce qui est juste, non pas d'après des lois extérieures ayant une valeur universelle et limitant la liberté de chaque individu, mais d'après des maximes particulières, c'est-à-dire par la force). À moins qu'on ne veuille faire entendre par là que les hommes qui pensent ainsi font bien de se détruire les uns les autres et de chercher la paix éternelle dans le vaste tombeau qui engloutit avec eux toutes les horreurs de la violence. — Il n'y a, aux yeux de la raison, pour les États considérés dans leurs relations réciproques, d'autre moyen de sortir de l'état de guerre où les retient l'absence de toute loi, que de renoncer, comme les individus, à leur liberté sauvage (déréglée), pour se soumettre à la contrainte de lois publiques et former ainsi un *État de nations* (*civitas gentium*), qui croîtrait toujours et embrasserait à la fin tous les peuples de la terre. Mais, comme, d'après l'idée qu'ils se font du droit des gens, ils ne veulent point du tout employer ce moyen et qu'ils rejettent *in hypothesi* ce qui est vrai *in thesi*, à défaut de l'idée positive d'*une république universelle*, il n'y a (si l'on ne veut pas tout perdre), que le supplément négatif d'une alliance permanente et toujours plus étendue qui puisse détourner la guerre et arrêter le torrent de cette passion injuste et inhumaine ; mais on sera toujours condamné à en craindre la rupture (*furor impius intus fremit horridus ore cruento* VIRGILE.)[6].

TROISIÈME ARTICLE DÉFINITIF D'UN TRAITE DE PAIX PERPÉTUELLE.

Le DROIT COSMOPOLITIQUE doit se borner aux conditions d'une *hospitalité* universelle.

Ici, comme dans les articles précédents, il ne s'agit pas de philanthropie, mais de *droit*, et en ce sens *hospitalité* signifie le droit qu'a tout étranger de ne pas être traité en ennemi dans le pays où il arrive. On peut refuser de le recevoir, si l'on ne compromet point par là son existence ; mais on ne peut agir hostilement contre lui, tant qu'il demeure pacifiquement à sa place. Il ne s'agit point d'un *droit d'être admis au foyer domestique* auquel il pourrait prétendre (car il faudrait pour cela des conventions particulières, grâce auxquelles il serait généreusement admis à devenir pour un temps l'hôte de ce foyer), mais seulement du *droit de visite* ou du droit de s'offrir à faire partie de la société, lequel appartient à tous les hommes, en vertu de celui de la possession commune de la surface de la terre. Car, à cause de la forme sphérique de cette surface, ils ne peuvent s'y disperser à l'infini, et ils sont forcés à la fin de se souffrir les uns à côté des autres ; mais originairement personne n'a plus de droit qu'un autre à un bien de la terre. — Les parties inhabitables de cette surface, la mer et les déserts, divisent cette communauté ; mais le *vaisseau* et le *chameau* (ce *vaisseau* du désert) permettent aux hommes de traverser ces régions sans maître, pour se rapprocher les uns des autres, et d'utiliser pour lier commerce entre eux le droit que possède en commun toute l'espèce humaine de jouir de la *surface* de la terre. L'inhospitalité des habitants des cotes (des côtes barbaresques, par exemple), qui s'emparent des vaisseaux naviguant dans les mers voisines ou réduisent les naufragés à l'esclavage, ou celle des habitants du désert (des Bédouins de l'Arabie), qui s'arrogent le droit de piller tous ceux qui approchent de leurs tribus nomades, est donc contraire au droit naturel ; mais le droit d'hospitalité, c'est-à-dire la faculté d'être reçu sur une terre étrangère ne s'étend pas au delà des conditions qui permettent *d'essayer* de lier commerce, avec les indigènes. — C'est de cette manière que des régions éloignées les unes des autres peuvent contracter des relations amicales, qui finissent par recevoir la sanction des lois publiques, et le genre humain se rapprocher insensiblement d'une constitution cosmopolitique.

Si maintenant on examine la conduite *inhospitalière* des États de l'Europe, particulièrement des États commerçants, on est épouvanté de l'injustice qu'ils montrent dans leur *visite* aux pays et aux peuples étrangers (visite qui est pour eux synonyme de *conquête*). L'Amérique, les pays habités par les nègres, les îles des épiceries, le Cap, etc., furent, pour ceux qui les découvrirent, des pays qui n'appartenaient à personne, car ils comptaient les habitants pour rien. Dans les Indes orientales (dans l'Indostan), sous prétexte de n'établir que des comptoirs de commerce, les Européens introduisirent des troupes étrangères, et par leur moyen opprimèrent les indigènes, allumèrent des guerres entre les différents États de cette vaste contrée, et y répandirent la famine, la rébellion, la perfidie et tout le déluge des maux qui peuvent affliger l'humanité.

La Chine[7] et le Japon, ayant fait l'essai de pareils hôtes, leur refusèrent sagement, sinon l'accès, du moins l'entrée de leur pays ; ils n'accordèrent même cet accès qu'à un seul peuple de l'Europe, aux Hollandais, et encore en leur interdisant, comme à des captifs, toute société avec les indigènes. Le pire (ou, pour juger les choses au point de vue de la morale, le mieux), c'est que l'on ne jouit pas de toutes ces violences, que toutes les sociétés de commerce qui les commettent touchent au moment de leur ruine, que les îles à sucre, ce repaire de l'esclavage le plus cruel et le plus raffiné, ne produisent pas de revenu réel et ne profitent qu'indirectement, ne servant d'ailleurs qu'à des vues peu louables, c'est-à-dire à former des matelots pour les flottes et à entretenir ainsi des guerres en Europe, et cela entre les mains des États qui se piquent le plus de dévotion et qui, en s'abreuvant d'iniquités, veulent passer pour des élus en fait d'orthodoxie.

Les relations (plus ou moins étroites), qui se sont établies entre tous les peuples de la terre, ayant été portées au point qu'une violation du droit commise en *un* lieu se fait sentir dans *tous*, l'idée d'un droit cosmopolitique ne peut plus passer pour une exagération fantastique du droit ; elle apparaît comme le complément nécessaire de ce code non écrit, qui, comprenant le droit civil et le droit des gens, doit s'élever jusqu'au droit public des hommes en général, et par là jusqu'à la paix perpétuelle, dont on peut se flatter, mais à cette seule condition, de se rapprocher continuellement.

1. On admet communément qu'on ne peut agir hostilement contre quelqu'un, à moins qu'on en ait déjà été *lésé* en fait, et cela est tout a fait juste, lorsque tous deux vivent dans un état *légal* et *civil*. Car, en y entrant, celui-ci donne à celui-là la sûreté requise (au moyen du pouvoir souverain qui s'étend sur tous deux). — Mais l'homme (ou le peuple) qui vit dans l'état de nature m'enlève cette sûreté, et je me trouve ainsi lésé par cet état même où il vit à côté de moi, sinon en fait (*facto*), du moins parce que l'absence de toute loi qui distingue cet état est pour moi une menace continuelle (*statu injusto*). Je puis donc le contraindre ou bien à entrer avec moi dans un état légal commun, ou bien à s'éloigner de mon voisinage. — Voici donc le postulat qui sert de fondement à tous les articles qui vont suivre, tous les hommes, qui peuvent agir les uns sur les autres, doivent appartenir à quelque constitution civile. Mais toute constitution juridique, en ce qui touche les personnes qui y sont soumises : est fondée :

    Ou 1° sur le *droit civil* des hommes formant un peuple (*jus civitatis*) ;

    Ou 2° sur le *droit des gens*, qui règle les relations des États entre eux (*jus gentium*) ;

    Ou 3° sur le droit *cosmopolitique*, en tant que l'on considère les hommes et les États, dans leurs relations extérieures et dans leur influence réciproque, comme citoyens d'un État universel de l'humanité (*jus cosmopoliticum*) — Cette division n'est pas arbitraire, mais elle est nécessaire pour l'idée de la paix perpétuelle. Car, si l'un d'eux restait dans l'état de nature, tout en ayant avec les autres un rapport d'influence physique, alors reparaîtrait nécessairement l'état de guerre, c'est-à-dire justement ce dont il s'agit ici de se délivrer.

2. On ne peut définir la *liberté juridique* (par conséquent extérieure), comme on le fait ordinairement, « la faculté de faire tout ce que l'on veut, pourvu qu'on ne fasse de tort à personne. » Car que signifie ici le mot faculté ? la possibilité d'une action, en tant qu'on ne fait par là de tort à personne. La définition de cette faculté reviendrait donc à ceci · « la liberté est la possibilité des actions par lesquelles on ne fait de tort à personne. On ne fait de tort à personne (quoi que l'on fasse d'ailleurs), quand on ne fait de tort à personne ; » ce qui est une véritable tautologie — Il faut bien plutôt définir la liberté extérieure (juridique), la faculté de n'obéir à d'autres lois extérieures qu'à celles auxquelles j'ai pu donner mon assentiment. — De même l'égalité extérieure (juridique) dans un État est ce rapport des citoyens d'après lequel nul ne peut juridiquement obliger un autre à quelque chose, sans se sou-

mettre en même temps à la loi, de *pouvoir* être obligé à son tour par celui-ci de la même manière. (Le principe de la soumission *juridique* étant déjà compris dans l'idée d'une constitution politique en général, n'a pas besoin de définition). — La valeur de ces droits innés, nécessairement inhérents à l'humanité et imprescriptibles, se trouve confirmée et devient plus éclatante encore, lorsque, concevant des êtres plus élevés, on songe aux rapports juridiques des hommes même avec ces êtres, ou lorsque, suivant les mêmes principes, on se représente l'homme comme citoyen d'un monde suprasensible. — En effet, pour ce qui concerne ma liberté, les lois divines, que je ne puis connaître que par ma raison, ne sont obligatoires pour moi qu'autant que j'ai pu y donner moi-même mon assentiment (car je ne me fais d'abord une idée de la volonté divine qu'au moyen de la loi que ma propre raison impose à ma liberté). Quant au principe de l'*égalité*, quand je supposerais l'être le plus élevé que je puisse concevoir après Dieu (un grand *Éon*), il n'y a pas de raison pour que, si je fais mon devoir à mon poste, comme lui au sien, j'aie simplement le devoir d'obéir, tandis qu'il aurait le droit de commander. — Ce qui fait que ce principe de *l'égalité* n'est pas (comme celui de la liberté) applicable à nos rapports avec Dieu, c'est que cet Être est le seul auquel ne s'applique plus l'idée du devoir.

Pour ce qui est du droit d'égalité de tous les citoyens, comme sujets, la réponse à la question de savoir si l'on peut tolérer une *noblesse héréditaire* revient à celle-ci : « Le rang accordé par l'État (à un sujet sur un autre) doit-il passer avant le *mérite*, ou le mérite avant le rang ? » — Il est évident que, si le rang est attaché à la naissance, il est tout à fait incertain que le mérite (l'aptitude et la fidélité à ses fonctions) l'accompagne ; par conséquent autant vaudrait accorder le commandement à un favori sans aucun mérite. Or c'est ce que la volonté générale du peuple ne décrétera jamais dans un contrat originaire (lequel est pourtant le principe de tous les droits). Car un noble n'est pas pour cela un homme *noble*. — Quant à la *noblesse qui s'attache à la fonction* (comme on pourrait appeler le rang d'une magistrature élevée, que l'on peut acquérir par son mérite), le rang ne tient pas, comme une propriété, à la personne, mais au poste, et l'égalité n'est point violée par là, puisqu'en déposant sa fonction, elle dépose aussi son rang et rentre dans le peuple.—

3. On a plus d'une fois blâmé, mais sans raison, ce me semble, comme des flatteries grossières et enivrantes, les dénominations sublimes dont on décore souvent les souverains (celle d'envoyé de Dieu, d'exécuteur et de représentant de la vo-

lonté divine sur la terre). Loin d'enorgueillir un souverain, elles doivent au contraire lui inspirer intérieurement de l'humilité, s'il a de l'intelligence (comme il faut bien le supposer), et s'il songe qu'il s'est chargé d'une fonction supérieure aux forces d'un homme, savoir de protéger ce que Dieu a de plus sacré sur la terre, les *droits des hommes*, et il doit toujours craindre de porter quelque atteinte à cette prunelle de Dieu.

4. Mallet Dupan, dans son langage pompeux, mais vide de sens, se vante d'être enfin parvenu, après une longue expérience, à se convaincre de la vérité de ce mot connu de *Pope* : « Laissez les sots disputer sur le meilleur gouvernement ; le mieux administré est le meilleur. » Si cela veut dire que l'État le mieux administré est le mieux administré, il a, suivant l'expression de *Swift*, cassé une noix pour avoir un ver ; mais, si cela signifie aussi que l'État le mieux administré est aussi le meilleur mode de gouvernement, la meilleure constitution politique, rien n'est plus faux ; car l'exemple d'une bonne administration ne prouve rien en faveur du mode de gouvernement. — Qui a mieux gouverné que *Titus* et *Marc-Aurèle* ? et pourtant le premier eut pour successeur un *Domitien*, et le second un *Commode* ; ce qui n'aurait jamais pu arriver dans une bonne constitution, car leur inaptitude à ce poste eût été assez tôt reconnue, et le pouvoir du souverain eût suffi pour les exclure.

5. C'est ici qu'est placée, dans la seconde édition du *Projet de paix perpétuelle*, la note que nous avons déjà donnée plus haut, et qui rappelle la réponse d'un prince bulgare à un empereur grec. J.B.

6. Il ne conviendrait pas mal à un peuple, une fois la guerre terminée et le traité de paix conclu, de s'imposer, à la suite du jour des actions de grâce, un jour de pénitence, pour demander pardon au ciel, au nom de l'État, du crime dont le genre humain continue de se rendre coupable, en refusant de se soumettre à une constitution légale qui règle les rapports des peuples entre eux, et en préférant employer, dans son amour d'une orgueilleuse indépendance, le moyen barbare de la guerre (qui ne décide pas pourtant ce que l'on cherche, savoir le droit de chaque État). Les actions de grâces que l'on rend à Dieu pendant la guerre au sujet d'une *victoire* remportée, les hymnes qu'on adresse (à la manière des Israélites) au *Seigneur des armées*, ne contrastent pas moins avec l'idée morale du Père de l'humanité ; car, outre qu'elles attestent une indifférence (assez triste) touchant la façon dont les peuples poursuivent leur droit, elles expriment la joie d'avoir tué bien des hommes et anéanti leur bonheur.

7. Si l'on veut appeler ce grand royaume du nom dont il se désigne lui-même (à savoir China et non Sina, ou quelque son analogue), on n'a qu'à consulter *Georgit Alphab. Tibet.*, p. 651-654, particulièrement Nota b. — Il n'y a pas proprement, d'après la remarque du professeur de Pétersbourg, *Fischer* de nom déterminé par lequel il se désigne lui-même ; le nom le plus usité est encore le mot *Kin*, c'est-à-dire *Or* (que les Tibétains appellent *Ser*), d'où le nom de roi de l'Or (c'est-à-dire du plus magnifique pays du monde) que l'on donne à l'empereur, et il est très possible que ce mot, dans le royaume même, se prononce *Chin*, mais que les missionnaires italiens l'aient prononcé *Kin* à cause de la gutturale). — On voit par là que le pays appelé par les Romains pays des *Sères* était la Chine, mais que la soie arriva à l'Europe à travers le *Grand Tibet* (probablement par le petit Tibet et la Bucharie au delà de la Perse), ce qui conduit, au moyen des relations avec le Tibet et par le Tibet avec le Japon, à diverses considérations sur l'ancienneté de cet État extraordinaire, relativement à celle de l'Indostan, tandis que le nom de *Sina* ou de *Tschisna*, que les voisins doivent donner à ce pays, ne mène à rien. — Peut-être peut-on expliquer les relations fort anciennes, mais qui n'ont jamais été bien connues, de l'Europe avec le Tibet, par ce que *Hesychius* nous en a conservé, c'est-à-dire par le cri Κόγξ Όμπαξ (*Konx Ompax*) de l'hiérophante dans les mystères d'Eleusis (V. *Voyage du jeune Anacharsis*, v° partie). En effet, d'après *Georgii Atph. Tibet.*, le mot *Concioa*, qui a de l'analogie avec *Konx*, signifie Dieu ; et *Pah-cio* (ibid. p. 520), que les Grecs peuvent aisément avoir prononcé *pax*, le *promulgator legis*, la divinité répandue par toute la nature (on l'appelait aussi Cencresi, p. 177) ; mais *Om*, que *La Croze* traduit par *benedictus*, *béni*, ne peut guère, appliqué à la divinité, signifier autre chose que *bienheureux*, p. 507. Or, comme le père *Horace*, qui demandait souvent aux lamas du Tibet ce qu'ils entendaient par Dieu (*Concioa*), en recevait toujours cette réponse : « *c'est l'assemblée de tous les saints* » (c'est-à-dire des âmes bienheureuses, revenues enfin à l'état de divinité par le moyen de la régénération lamaïque, après beaucoup de passages à travers toutes sortes de corps, et changées en *Burchane*, c'est-à-dire en êtres dignes d'adoration, p. 223), cette expression mystérieuse, *Konx Ompax*, doit désigner l'Être suprême, *saint (Konx) bienheureux (Om) et sage (Pax)*, répandu partout dans le monde (la nature personnifiée) ; et, dans les *mystères* grecs, elle devait signifier pour les initiés le monothéisme, par opposition au *polythéisme* du peuple, quoique le père *Horace* (a.a.O.) y soupçonne l'athéisme. — Mais comment cette expé-

rience mystérieuse est-elle arrivée aux Grecs par le Tibet, c'est ce que l'on peut expliquer de la manière qu'on a vue plus haut, et réciproquement on peut rendre par là vraisemblables les relations plus récentes de l'Europe avec la Chine à travers le Tibet (relation qui sont peut-être plus anciennes que celles qu'elle a eues avec l'Indostan).

PREMIER SUPPLÉMENT. DE LA GARANTIE DE LA PAIX PERPÉTUELLE.

Ce qui nous donne cette garantie n'est rien moins que cette grande artiste qu'on appelle la *nature* (*natura dœdala rerum*) et dont le cours mécanique annonce manifestement qu'elle a pour fin de faire naître parmi les hommes, même contre leur volonté, l'harmonie de la discorde. Aussi, tandis que nous l'appelons *Destin*, en la regardant comme l'action nécessaire d'une cause, qui nous demeure inconnue quant aux lois de ses opérations ; nous la nommons *Providence*[1], en considérant la finalité qu'elle manifeste dans le cours du monde, et en l'envisageant comme la sagesse profonde d'une cause suprême qui prédétermine le cours des choses en vue du but dernier et objectif du genre humain. Nous ne *connaissons* pas, il est vrai, proprement cette providence par ces dispositions artistement combinées de la nature ; nous ne saurions même *conclure* de ces dernières à la première ; seulement (comme dans tous les cas où nous rapportons la forme des choses à des fins en général) nous pouvons et devons la supposer, afin de nous faire une idée de la possibilité de ces dispositions, par analogie aux opérations de l'art humain ; mais, si l'idée du rapport de la nature et de son accord avec le but que la raison nous prescrit immédiatement (le but moral) est transcendante au point de vue *théorétique*, au point de vue pratique (par exemple relativement à l'idée du devoir de *paix perpétuelle*, vers laquelle il s'agit de tourner le mécanisme de la nature), elle a un fondement dogmatique qui en assure la réalité. — Le mot *nature*, d'ailleurs, lorsqu'il n'est question, comme ici, que de théorie, non de religion, est une expression qui convient mieux aux bornes de la raison humaine (laquelle, relativement au rapport des effets à leur cause, doit se renfermer dans les limités de l'expérience possible), et qui est plus *modeste* que celle de *providence*, laquelle désigne un être que nous ne pouvons connaître, et annonce, de notre part, une pensée aussi téméraire que la tentative d'Icare, celle de pénétrer l'impénétrable mystère de ses desseins.

Avant de déterminer avec plus de précision cette garantie, il est nécessaire de considérer la situation où la nature a placé les personnages qui doivent figurer sur son vaste théâtre et qui finit par leur rendre nécessaire cette garantie de la paix ; — nous verrons ensuite comment elle la leur fournit.

Voici ses dispositions provisoires : 1° Elle a mis les hommes en état de vivre dans toutes les contrées de la terre ; — 2° elle les a dispersés au moyen de la *guerre* dans toutes les régions, même les plus inhospitalières, afin de les peupler ; — 3° elle les contraint par le même moyen à contracter des relations plus ou moins légales. — Que dans les froides plaines qui bordent la mer Glaciale croisse partout la mousse, que déterre sous la neige le *renne*, qui lui-même sert, soit à nourrir, soit à traîner l'Ostiaque ou le Samoyède ; ou bien que les sables et le sel du désert soient rendus praticables par le moyen du *chameau*, qui semble avoir été créé tout exprès pour qu'on puisse les traverser, cela est déjà étonnant. Le but se montre plus clairement encore dans le soin qu'a pris la nature de placer, au rivage de la mer Glaciale, outre les animaux couverts de fourrure, des phoques, des vaches marines et des baleines, dont la chair et la graisse fournissent de la nourriture et du feu aux habitants. Mais ce qu'il y a de plus merveilleux, c'est la précaution qu'elle a de fournir (sans qu'on sache trop comment), à ces contrées dépourvues de végétation le bois sans lequel il n'y aurait ni canots, ni armes, ni cabanes pour les habitants, lesquels sont d'ailleurs assez occupés à se défendre contre les animaux pour vivre paisiblement entre eux. — Mais il est probable que la guerre seule les a *poussés* dans ces climats. Le premier *instrument de guerre*, parmi tous les animaux que l'homme a dû apprendre à dompter et à apprivoiser, dans le temps où la terre commençait à se peupler, c'est le *cheval* (car l'éléphant appartient à un temps postérieur ; il a servi au luxe d'États déjà formés). De même l'art de cultiver certaines espèces de graminées ou de *céréales*, dont la nature primitive nous est aujourd'hui inconnue, celui de multiplier et d'améliorer les arbres *fruitiers* au moyen de la transplantation et de la greffe (peut-être n'y en eût-il d'abord en Europe que deux espèces, les pommiers et les poiriers sauvages), n'ont pu naître que dans des États déjà constitués, là où il pouvait y avoir des propriétés foncières assurées. Il fallut d'abord que les hommes, qui vivaient jusque-là dans un état de sauvage indépendance, passassent de la vie de chasse[2] ou de pêche et de la vie pastorale à la *vie agricole* qu'ils découvrissent le *sel* et le *fer*, et peut-être qu'ils trouvassent, en les cherchant au loin, les premiers objets d'un commerce qui engageât d'abord les différents peuples dans des *relations pacifiques* et leur fit contracter, même avec les plus éloignée, des rapports de convention et de société.

La nature, en faisant en sorte que les hommes *pussent* vivre partout sur la terre, a voulu aussi despotiquement que cela fut pour eux une *nécessité*, à laquelle ils obéissent même contre leur penchant et sans que cette nécessité renfermât pour eux l'idée d'un devoir qui les obligeât au nom de la loi morale ; — la guerre est le moyen qu'elle a choisi pour arriver à ce but. — Nous voyons, en effet, des peuples qui témoignent de l'identité de leur origine par celle de leur langage : les *Samoyèdes*, par exemple, qui habitent les côtes de la mer Glaciale, parlent une langue semblable à celle d'un peuple qui habite les monts *Altaï*, situés à deux cents milles de là. Un autre peuple, un peuple *Mongole*, cavalier et partant belliqueux s'est introduit au milieu d'eux et en a chassé une partie jusque dans des régions glaciales et inhospitalières, où elle n'aurait certainement pas pénétré de son propre mouvement[3]. — Il en est de même des *Finlandais*, qui, à l'extrémité la plus septentrionale de l'Europe, s'appellent *Lapons* ;

ils ont été séparés par des peuples goths et sarmates, des *Hongrois*, qui, malgré leur éloignement, se rapprochent d'eux par la conformité de leur langue. Et qu'est-ce qui peut avoir poussé au nord de l'Amérique les *Esquimaux* (cette race d'hommes toute différente de tous les autres peuples de l'Amérique et qui descend peut-être de quelques aventuriers européens), et au sud, les *Peschéres*, jusque dans l'île de Feu, sinon la guerre, dont la nature se sert comme d'un moyen pour peupler toute la terre ? Mais la guerre elle-même n'a besoin d'aucun motif particulier ; elle semble avoir sa racine dans la nature humaine, et même elle passe pour une chose noble, à laquelle l'homme est porté par l'amour de la gloire, indépendamment de tout mobile intéressé. C'est ainsi que (parmi les sauvages de l'Amérique comme en Europe dans les temps de chevalerie) le *courage militaire* est directement en grand honneur, non-seulement *pendant* la guerre (ce qui serait juste), mais aussi *en tant qu'il* y pousse, car on ne l'entreprend souvent que pour montrer cette qualité, en sorte qu'on attache à la guerre elle-même une sorte de *dignité*, et qu'il se trouve jusqu'à des philosophes pour en faire l'éloge, comme d'une noble prérogative de l'humanité, oubliant ce mot d'un Grec : « La guerre est mauvaise en ce qu'elle fait plus de méchants qu'elle n'en enlève. » En voilà assez sur les mesures que prend la nature pour arriver à *son propre but*, relativement au genre humain, comme classe animale.

La question qui se présente maintenant touche à ce qu'il y a d'essentiel dans la poursuite de la paix perpétuelle : c'est de savoir « ce que la nature fait dans ce dessein, pour conduire l'homme au but, dont sa propre raison lui fait un devoir, et par conséquent pour favoriser son *intention morale*, et par quelle espèce de garantie elle assure l'exécution de ce que l'homme *devrait* faire, mais ne fait pas, d'après les lois de sa liberté, de telle sorte qu'il soit *forcé* de le faire, nonobstant cette liberté, par une contrainte de la nature, qui s'étende aux trois relations du droit public, le *droit civil*, le *droit des gens* et le *droit cosmopolitique*. » — Quand je dis que la nature *veut* qu'une chose arrive, cela ne signifie pas qu'elle nous en fait un devoir (car il n'y a que la raison pratique qui, échappant elle-même à toute contrainte, puisse nous prescrire des devoirs), mais qu'elle le *fait* elle-même, que nous le voulions ou non (*fata volentem ducunt, nolentem trahunt*).

I. Lors même qu'un peuple ne serait pas forcé par des discordes intestines à se soumettre à la contrainte des lois publiques, il y serait réduit par la guerre extérieure ; car, d'après les dispositions de la nature dont nous avons parlé précédemment, chaque peuple trouve devant lui un voisin qui le presse et l'oblige de se constituer en *État*, pour former une *puissance* capable de lui résister. Or la constitution *républicaine*, la seule qui soit parfaitement conforme aux droits de l'homme, est aussi la plus difficile à établir et particulièrement à maintenir ; aussi beaucoup soutiennent-ils qu'il faudrait pour cela un peuple d'anges, et que les hommes, avec leurs penchants égoïstes, sont incapables d'une forme de gouvernement aussi sublime. Mais la nature se sert justement de ces penchants intéressés, pour venir en aide à la volonté générale, qui se fonde sur la raison, et qui, si respectée qu'elle soit, se trouve impuissante dans la pratique. Aussi suffit-il pour la bonne organisation de l'État (laquelle est certainement au pouvoir des hommes) de combiner entre elles les forces humaines de telle sorte que l'une arrête les effets désastreux des autres ou les annihile elles-mêmes, si bien que le résultat satisfait la raison, comme s'il n'y avait rien de pareil et que chacun se voit contraint d'être, sinon un homme moralement bon, du moins un bon citoyen. Le problème de la constitution d'un État peut être résolu, même, si étrange que cela semble, pour un peuple de démons (pourvu qu'ils soient doués d'intelligence) ; et voici comment il peut être posé : « Ordonner de telle sorte une multitude d'êtres raisonnables, qui tous désirent pour leur conservation des lois universelles, mais dont chacun est enclin à s'en excepter soi-même secrètement, et leur donner une telle constitution, que, malgré l'antagonisme élevé entre eux par leurs penchants personnels, ces penchants se fassent si bien obstacle les uns aux autres que, dans la conduite publique, l'effet soit le même que si ces mauvaises dispositions n'existaient pas. » Un tel problème ne peut être *insoluble*. La question, en effet, n'est pas de savoir comment on peut améliorer moralement les hommes, mais comment on peut se servir du mécanisme de la nature pour diriger de telle façon l'antagonisme de leurs dispositions hostiles, que tous les individus qui composent un peuple s'obligent eux-mêmes entre eux à se soumettre à des lois de contrainte, et établissent ainsi un état pacifique où les lois soient en vigueur. C'est ce que l'on peut voir même dans les États actuellement existants, si imparfaitement organisés qu'ils soient : dans l'extérieur de leur conduite, ils se rapprochent déjà beaucoup de ce que prescrit l'idée du droit, quoique les principes essentiels de la moralité n'y contribuent assurément en rien (aussi bien n'est-ce pas à celle-ci qu'il faut demander la bonne constitution de l'État, car c'est plutôt de cette constitution même qu'on doit attendre la bonne culture morale d'un peuple). Cet exemple montre que le mécanisme de la nature, lequel se révèle par des penchants intéressés qui, par leur essence même, sont extérieurement opposés les uns aux autres, peut être employé par la raison comme un moyen d'arriver à son propre but, aux principes du droit, et par là aussi de favoriser et d'assurer, autant que cela dépend de l'État même, la paix intérieure et extérieure. Il est donc vrai de dire ici que la nature *veut* d'une manière irrésistible que la victoire reste enfin au droit. Ce que l'on néglige de faire, elle finit par le faire elle-même, mais par des moyens fort déplaisants. — « Pliez trop un roseau, il se casse ; qui veut trop ne veut rien. » *Bouterwek*.

II. L'idée du droit des gens suppose la *séparation* de plusieurs États voisins et indépendants les uns des autres ; et, quoiqu'une telle situation soit déjà par elle-même un état de guerre (si une union fédérative ne prévient pas les hostilités) elle est cependant préférable, aux yeux de la raison, à la fusion de tous ces États entre les mains d'une puissance qui envahit toutes les autres et se transforme en monarchie universelle. En effet, les lois perdent toujours en vigueur ce que le gouvernement gagne en étendue ; et un despotisme sans âme, après avoir étouffé les germes du bien, finit toujours par conduire à l'anarchie. Cependant il n'y a pas d'État (ou de souverain) qui ne désire s'assurer une paix durable, en dominant le monde entier, s'il était possible. Mais la *nature veut* d'autres moyens. — Elle en emploie deux, pour empêcher les peuples de se confondre et pour les tenir séparés, la diversité des *langues* et celle des *religions*[4]. Cette diversité contient, il est vrai, le germe de haines réciproques et fournit un prétexte à la guerre ; mais, par suite des progrès de la civilisation et à mesure que les hommes se rapprochent davantage dans leurs principes, elle conduit à s'entendre au sein d'une paix, qui n'est pas produite et garantie, comme celle du despotisme dont nous venons de parler (celle-là repose sur le tombeau de la liberté), par l'affaiblissement de toutes les forces, mais au contraire par leur équilibre au milieu de la plus vive opposition.

III. Si la nature sépare sagement les peuples que chaque État voudrait agglomérer, soit par ruse, soit par force, et cela d'après les principes mêmes du droit des gens, en revanche elle se sert de l'intérêt réciproque des différents peuples pour opérer entre eux une union que l'idée seule du droit cosmopolitique n'aurait pas suffisamment garantie de la violence et des guerres. Je parle de l'*esprit de commerce*, qui s'empare tôt ou tard de chaque peuple et qui est incompatible avec la guerre. De tous les moyens dont peut disposer la puissance publique, le *pouvoir de l'argent* étant le plus sûr, les États se voient forcés (sans y être, il est vrai, déterminés par les mobiles de la moralité) de travailler au noble ouvrage de la paix, et, quelque part que la guerre menace d'éclater, de chercher à la détourner par des médiations, comme s'ils avaient contracté à cet effet une alliance perpétuelle ; car les grandes associations pour la guerre ne peuvent avoir lieu que très-rarement et réussir plus rarement encore. — C'est ainsi que la nature garantit la paix perpétuelle par le mécanisme même des penchants naturels ; et, quoique cette garantie ne soit pas suffisante pour qu'on en puisse prédire (théorétiquement) l'avénement, elle suffit au point de vue pratique, et elle nous fait un devoir de tendre à ce but (qui n'est pas purement chimérique).

---

1. Dans le mécanisme de la nature, auquel l'homme appartient (comme être sensible), se montre une forme qui déjà sert de fondement à son existence et que nous ne pouvons nous rendre intelligible qu'en y supposant la fin d'un auteur du monde qui la prédétermine. Cette prédétermination, nous la nommons en général *Providence* (divine), et, en tant qu'elle est placée au *commencement* du monde, *Providence créatrice* (*Providentia conditrix ; semel jussit, semper parent, Augustin.*) ; mais, dans le *cours* de la nature, en tant qu'il s'agit de maintenir cette nature d'après des lois générales de finalité, on l'appelle *Providence régulatrice* (*Providentia gubernatrix*) ; en tant qu'elle conduit à des fins particulières, mais que l'homme ne peut prévoir et qu'il ne peut que conjecturer d'après le résultat, *Providence directrice* (*Providentia directrix*) ; enfin, par rapport à des événements particuliers, considérés comme fins divines, nous ne la nommons plus providence, mais *direction* (*directio extraordinaria*). Mais vouloir la connaître dans ce sens (puisqu'en fait elle tient du miracle, quoique les événements ne s'appellent pas ainsi), c'est une folle prétention de la part de l'homme ; car il y a beaucoup d'absurdité et de présomption, avec quelque piété et quelque humilité qu'on puisse d'ailleurs s'exprimer à ce sujet, à conclure d'un événement particulier à un principe particulier de la cause efficiente, en disant que cet événement est une fin et non simplement une suite naturelle et mécanique d'une autre fin qui nous est tout à fait inconnue. — De même encore la division de la provi-

dence, considérée (*matériellement*) dans son rapport avec des objets existants dans le monde, en providence *générale* et providence *particulière*, est fausse et contradictoire (comme quand on dit, par exemple, qu'elle prend soin des espèces de la création, mais qu'elle abandonne les individus au hasard) ; car on l'appelle générale, précisément afin de faire entendre qu'aucune chose particulière n'en est exceptée. — On a probablement songé ici à la division de la Providence, considérée (*formellement*) d'après le mode d'exécution de ses desseins : savoir en providence *ordinaire* (par exemple la mort et la résurrection annuelles de la nature, suivant le changement des saisons) et providence *extraordinaire* (par exemple le chariage du bois par des courants maritimes sur des côtes de glace où il ne peut croître et dont les habitants ne pourraient vivre sans cela), auquel cas, quoique nous puissions bien nous expliquer la cause physicomécanique de ces phénomènes (par exemple par les bois qui couvrent les rives des fleuves des pays tempérés, et qui, tombant dans ces fleuves, sont emportés plus loin par les courants), nous ne devons cependant pas omettre la cause téléologique, qui nous révèle la sollicitude d'une cause commandant à la nature. — Pour ce qui est de l'idée, usitée dans les écoles, d'une *assistance* divine, ou d'une coopération (*concursus*) à un effet dans le monde sensible, il faut la rejeter absolument. Car il est d'*abord* contradictoire en soi de prétendre accoupler des choses incompatibles (*grypes jungere equis*), et de vouloir que celui même qui est la cause absolue de tous les changements qui arrivent dans le monde, complète, pendant le cours du monde, sa propre providence prédéterminante (ce qui supposerait qu'elle aurait été défectueuse), de dire par exemple que le médecin a guéri le malade *après Dieu*, et qu'il n'a été que comme son aide. *Causa solitaria non juvat.* Dieu est l'auteur du médecin et de tous ses remèdes ; et, si l'on veut remonter jusqu'au principe suprême, qui nous est d'ailleurs théorétiquement incompréhensible, il faut lui attribuer l'effet *tout entier*. On peut aussi l'attribuer *tout entier* au médecin, en considérant cet événement comme pouvant être expliqué par l'ordre de la nature dans la chaîne des causes du monde. *En second lieu*, une telle façon de penser fait disparaître tous les principes déterminés au moyen desquels nous jugeons un effet. Mais, sous le point de vue *moralement pratique* (qui est par conséquent tout à fait supra-sensible), par exemple dans la croyance que Dieu réparera, même par des moyens qui nous sont impénétrables, les défauts de notre propre justice, pourvu que notre intention ait été bonne, et que par conséquent nous ne devons rien négliger dans nos efforts vers le bien, l'idée du *Concursus* divin est tout à fait juste et même nécessaire; seulement il va sans dire que personne ne doit essayer d'*expliquer* par là une bonne action (comme événement du monde), car cette prétendue connaissance théorétique du supra-sensible est absurde.

2. De tous les genres de vie celui de la *chasse* est sans doute le plus contraire à l'état de civilisation ; car les familles, qui sont alors forcées de s'isoler et de se disperser dans de vastes forêts, deviennent bientôt *étrangères* les unes aux autres et même *ennemies*, chacune d'elles ayant besoin de beaucoup d'espace pour se procurer sa nourriture et ses vêtements. — La *défense faite à Noé de s'abstenir du sang* (Gen. IX, 4-6), qui souvent renouvelée devint ensuite la condition imposée par les Juifs chrétiens aux païens pour leur admission dans le christianisme (Act. Apost. XV, 20 ; XXI, 25), semble n'avoir été dans le principe que la défense de la *vie de chasseur*, puisque le cas de manger de la chair crue doit se présenter souvent dans ce genre de vie, et qu'ainsi l'on ne peut défendre l'un sans défendre aussi l'autre.

3. Mais, pourrait-on demander : si la nature a voulu que ces côtes de glace ne restassent point inhabitées, que deviendraient ceux qui les habitent, si un jour (comme il faut s'y attendre) elle ne leur charriait plus de bois ? Car il est à croire qu'avec le progrès de la culture les habitants des pays tempérés utiliseront mieux le bois qui croît sur le rivage de leurs fleuves et ne le laisseront plus tomber dans ces fleuves, qui le charrient à la mer. Je réponds que les peuples qui habitent les bords de l'*Obi*, de l'*Ienisey*, de la *Lena*, etc., leur en feraient parvenir par le commerce, et qu'ils en tireraient en échange les produits en matières animales dont la mer est si riche dans ces parages ; il suffirait que la nature les eût forcés à faire la paix.

4. *Diversité des religions*, expression singulière ! C'est comme si l'on parlait de *morales* diverses. Il peut bien y avoir diverses *espèces de foi*, non pas au point de vue de la religion, mais relativement à l'histoire des moyens qui ont servi à la propager et qui sont du ressort de l'érudition, et de même différents *livres de religion* (le Zendavesta, les Védas, le Coran, etc.) ; mais il n'y a qu'une seule *religion* vraie pour tous les hommes et dans tous les temps. Ce ne sont donc là que les véhicules de la religion, c'est-à-dire quelque chose de contingent et qui peut être très-différent suivant la différence des temps et des lieux.

DEUXIÈME SUPPLÉMENT. ARTICLE SECRET D'UN PROJET DE PAIX PERPÉTUELLE.

Un article secret dans les traités de droit public est objectivement, c'est-à-dire relativement à son contenu, une contradiction ; mais il est possible subjectivement, c'est-à-dire relativement à la qualité de la personne qui le dicte, et qui craindrait de compromettre sa dignité, en s'en déclarant publiquement l'auteur. Le seul article de ce genre est contenu dans la proposition suivante : « *Les maximes des philosophes sur les conditions qui rendent possible la paix publique doivent être prises en considération par les États armés pour la guerre.* »

Il paraît humiliant pour l'autorité législative d'un État, auquel on doit naturellement attribuer la plus grande sagesse, de chercher à s'instruire auprès de ses *sujets* (des philosophes) sur les principes de sa conduite à l'égard des autres États ; pourtant il est très sage de le faire. L'État les *provoquera* donc *secrètement* (en faisant mystère de son dessein) à donner leur avis, c'est-à-dire qu'il les *laissera parler* librement et publiquement sur les maximes générales qui concernent la guerre ou la paix (car ils ne manqueront pas de le faire d'eux-mêmes dès qu'on ne le leur défendra pas) ; et il n'y a besoin à cet égard d'aucune convention particulière des États entre eux, car cela est déjà compris dans l'obligation imposée par la raison universelle (moralement législative). — On ne prétend point d'ailleurs pour cela que l'État doive accorder la préférence aux principes du philosophe sur les décisions du jurisconsulte (ce représentant de la puissance publique), mais seulement qu'il doit l'*entendre*. Le jurisconsulte, qui a pris pour symbole la *balance* du droit et le *glaive* de la justice, ne se sert pas toujours de celui-ci uniquement pour écarter de celle-là toute influence étrangère ; mais, si l'un des bassins ne penche pas à son gré, il y place le glaive (*vae victis*). C'est là, en effet, une tentation à laquelle est exposé le jurisconsulte qui n'est pas en même temps philosophe (même quant à la moralité), parce que sa fonction consiste uniquement à appliquer les lois existantes, et non à chercher si elles n'auraient pas besoin d'être réformées, et que, quoique cette fonction soit en réalité inférieure, il lui assigne un des premiers rangs dans l'ordre des Facultés, parce qu'elle est revêtue d'un pouvoir (ce qui est aussi le cas pour les deux autres). — la Faculté philosophique se tient, au-dessous de ces puissances coalisées, à un degré très inférieur. C'est ainsi, par exemple, qu'on dit de la philosophie qu'elle est la *servante* de la théologie (et les deux autres Facultés en disent autant). — Mais la question serait de savoir si elle précède sa dame le flambeau à la main, ou si elle lui porte la queue.

Que les rois deviennent philosophes ou les philosophes rois, on ne peut guère s'y attendre et l'on ne doit pas non plus le souhaiter, parce que la possession du pouvoir corrompt inévitablement le libre jugement de la raison. Mais que les rois ou les peuples (c'est-à-dire les peuples qui se gouvernent eux-mêmes d'après des lois d'égalité) ne souffrent pas que la classe des philosophes disparaisse ou soit réduite au silence, mais qu'ils la laissent parler tout haut, c'est ce qu'il leur est indispensable pour s'éclairer sur leurs propres affaires. Cette classe est d'ailleurs, par sa nature même, incapable de former des rassemblements et des clubs, et par conséquent elle échappe au soupçon d'esprit de *propagande*.

APPENDICE

I.

Sur l'opposition de la morale et de la politique, au sujet de la paix perpétuelle.

La morale est déjà par elle-même une science pratique, dans le sens objectif de ce mot, en tant qu'elle est l'ensemble des lois absolues d'après lesquelles nous *devons* agir ; et c'est une évidente absurdité que d'accorder à cette idée du devoir l'autorité qui lui est due pour prétendre ensuite qu'on ne *peut* pas ce que l'on doit ; car, s'il en était ainsi, il faudrait l'effacer de la morale (*ultra posse nemo obligatur*). Il ne peut donc y avoir d'opposition entre la politique, en tant qu'elle est la pratique du droit et la morale, en tant qu'elle en est la théorie (entre la pratique et la théorie). À moins qu'on n'entende par morale l'ensemble des règles générales de la *prudence*, c'est-à-dire la théorie des maximes indiquant les moyens les plus propres à assurer l'avantage personnel ; ce qui reviendrait à nier en général l'existence de toute morale.

La politique dit : « *Soyez prudents comme les serpents ;* » la morale y ajoute (comme condition restrictive) « *et simples comme les colombes.* » Si l'un et l'autre sont incompatibles dans le même précepte, c'est qu'il y a réellement lutte entre la politique et la morale ; mais, s'il est absolument nécessaire que les deux choses soient réunies, l'idée du contraire est absurde, et il n'y a même plus lieu de poser comme un problème la question de savoir comment on peut mettre fin à cette lutte. Quoique cette proposition : *l'honnêteté est la meilleure politique*, contienne une théorie trop souvent, hélas ! démentie par la pratique, cette proposition, également théorétique : *l'honnêteté est meilleure que toute politique*, n'en est pas moins placée infiniment au-dessus de toute objection ; elle est la condition absolue de la politique même. La divinité tutélaire de la morale ne le cède pas à Jupiter (le dieu de la puissance), car celui-ci est lui-même soumis au destin ; c'est-à-dire que la raison n'est pas assez éclairée pour embrasser toute la série des causes déterminantes dont la connaissance la mettrait en état de prévoir avec certitude les suites heureuses ou malheureuses que le mécanisme de la nature fera résulter des actions humaines (quoique nous les connaissions assez pour espérer qu'elles seront conformes à nos vœux). Mais ce que nous avons à faire pour rester dans le sentier du devoir (conformément aux règles de la sagesse), c'est sur quoi elle ne manque jamais de nous fournir les lumières nécessaires, et par là elle nous montre clairement notre but final.

Or l'homme pratique (pour qui la morale n'est qu'une simple théorie) repousse cruellement notre généreuse espérance (tout en convenant du *devoir* et du *pouvoir* que nous avons de le remplir) ; telle est, selon lui, la nature de l'homme qu'elle ne *voudra* jamais ce qui est nécessaire pour atteindre le but de la paix perpétuelle. — Sans doute il ne suffit pas, pour atteindre ce but, que tous les hommes *individuellement* veuillent vivre, d'après des principes de liberté, dans une constitution légale (qu'il y ait unité *distributive* de la volonté de tous) ; il faut que *tous ensemble* veuillent cet état (qu'il y ait unité *collective* de la volonté générale). Telle est la condition qu'exige la solution du difficile problème de l'établissement d'une société civile entre les hommes ; et, comme, outre cette diversité des volontés particulières de tous, il est nécessaire d'admettre une cause capable de les réunir toutes pour en tirer une volonté commune, ce qu'aucune d'elles ne peut faire, on ne saurait espérer, quant à l'*exécution* de cette idée (dans la pratique), que l'état juridique commençât autrement que par la *force*, sur laquelle se fonde ensuite le droit public ; et par conséquent il faut s'attendre d'avance à voir l'expérience réelle s'écarter beaucoup de cette idée (car on ne peut guère espérer que le législateur aura assez de moralité pour laisser à un peuple qu'il aura formé d'une sauvage multitude, le soin de fonder sur la volonté générale une constitution juridique). Qu'est-ce à dire ? que celui qui a une fois la puissance en mains ne se laisse pas dicter de lois par le peuple. Un État qui en est venu à ne connaître d'autre loi que la sienne ne se soumettra pas à la décision d'autres États sur la manière dont il doit soutenir son droit contre eux ; et même si une partie du monde se sent supérieure à une autre, qui d'ailleurs ne lui fait point obstacle, elle ne laissera pas perdre l'occasion d'agrandir sa puissance en s'emparant de celle-ci ou en la soumettant à sa domination. Ainsi tous nos plans théoriques sur le droit civil, le droit des gens et le droit cosmopolitique, ne seraient en définitive qu'un idéal vide et impraticable ; au contraire, une pratique fondée sur les principes empiriques de la nature humaine, et ne dédaignant pas de s'instruire de la façon dont les choses se passent dans le monde, pour en tirer ses maximes, pourrait seule espérer de trouver un fondement solide pour l'édifice de sa politique.

Sans doute, s'il n'y a point de liberté et de loi morale qui s'y fonde, et si tout ce qui arrive ou peut arriver n'est qu'un pur mécanisme de la nature, alors la politique (en tant qu'elle est l'art de se servir de ce mécanisme pour gouverner les autres) est toute la sagesse pratique, et l'idée du droit est un mot vide de sens. Mais si, au contraire, on trouve indispensable de joindre cette idée à la politique, et même d'en faire la condition restrictive de celle-ci, il faut bien admettre la possibilité de leur union. Or je puis bien concevoir un *politique moraliste*, c'est-à-dire un homme d'État n'admettant d'autres principes politiques que ceux que la morale peut avouer ; mais je ne conçois pas un *moraliste politique*, qui se forge une morale d'après les intérêts de l'homme d'État.

Le politique moraliste aura pour principe que, s'il se trouve, dans la constitution d'un État ou dans les rapports de cet État avec les autres, des fautes que l'on n'a pu éviter, c'est un devoir, surtout pour les chefs d'État, dussent-ils y sacrifier leur intérêt personnel, de chercher les moyens d'y remédier autant que possible, et de se rapprocher du droit naturel comme du modèle idéal que la raison nous met devant les yeux. Comme il serait contraire à la sagesse politique, laquelle est ici d'accord avec la morale, de rompre les liens de la société civile ou cosmopolitique avant d'avoir une meilleure constitution à substituer immédiatement à l'ancienne, il serait tout à fait absurde d'exiger que l'on corrige tout de suite et violemment cette imperfection ; mais ce que l'on peut exiger des gouvernants, c'est qu'ils aient toujours devant les yeux la nécessité d'opérer des réformes de ce genre, afin de se rapprocher continuellement du but (de la meilleure constitution d'après les lois du droit). Un État peut même se *gouverner* républicainement, quoique, d'après la constitution existante, il soit encore sous l'empire du *pouvoir* despotique d'un *maître*, jusqu'à ce que le peuple soit insensiblement devenu capable de recevoir l'influence de la seule idée de l'autorité de la loi, et de concourir lui-même à sa propre législation (ce qui originairement est fondé sur le droit). Mais, quand même une *révolution*, produite par une mauvaise constitution, aurait arraché par des moyens violents et illégaux une constitution meilleure, il ne serait plus permis de ramener le peuple à l'ancienne, quoique l'on eût le droit de punir la rébellion de tous ceux qui auraient participé à cette révolution par violence ou par ruse. Quant aux relations extérieures des États, on ne saurait exiger d'un État qu'il renonce à sa constitution, fût-elle d'ailleurs despotique (s'il la regarde comme la meilleure relativement aux ennemis du dehors), aussi longtemps qu'il court le risque d'être absorbé par les autres ; et par conséquent il doit lui être permis d'ajourner l'exécution de sa réforme jusqu'à une époque plus favorable[1].

Que les moralistes despotiques (se trompant dans la pratique) pèchent tant qu'on voudra contre la politique en prenant ou en conseillant certaines mesures avec trop de précipitation, l'expérience, en leur faisant voir qu'ils ne sont point d'accord avec la nature, les ramènera peu à peu dans une voie meilleure ; mais les politiques qui accommodent la morale à leurs desseins, ceux-là, en prétendant justifier des principes contraires au droit par ce prétexte que la nature humaine est *incapable* de réaliser l'idée du bien que la raison lui prescrit, rendent, autant qu'il dépend d'eux, toute amélioration impossible, et éternisent la violation du droit.

Au lieu de cette science pratique dont ils se vantent, ces hommes politiques, uniquement occupés à encenser (dans leur propre intérêt) le pouvoir actuellement existant, descendent à des *manœuvres* par lesquelles ils livrent le peuple et livreraient le monde entier, s'ils le pouvaient. C'est ce qui arrive aux purs juristes (aux juristes de profession ; je ne parle pas de ceux qui font la *législation*), quand ils s'élèvent jusqu'à la politique. En effet, comme ils n'ont pas pour fonction de raisonner sur la législation elle-même, mais d'exécuter les prescriptions actuelles du Code, la meilleure constitution pour eux doit toujours être la constitution actuellement existante, ou, lorsque celle-ci vient à être modifiée en haut lieu, celle qui lui succède, et rien ne saurait les faire sortir de l'ordre mécanique auquel ils sont accoutumés. Que si cette habileté, qui les rend propres à tout, leur inspire la vanité de croire qu'ils peuvent aussi juger les principes d'une *constitution politique* en général d'après les idées du droit (par conséquent *à priori*, non empiriquement) ; s'ils se vantent de connaître *les hommes* (ce qu'il faut à la vérité attendre d'eux, car ils ont affaire à beaucoup), quoiqu'ils ne connaissent pas *l'homme* et ce que l'on en peut faire (parce qu'il faudrait pour cela observer la nature humaine d'un point de vue plus élevé), et si, munis de ces idées, ils abordent le droit civil et le droit des gens, tels que la raison les prescrit, ils ne peuvent qu'y porter leur esprit de chicane et y appliquer leurs procédés ordinaires (le mécanisme qui se fonde sur des lois de contrainte dictées par une volonté despotique), tandis que les idées de la raison exigent que la contrainte juridique soit fondée uniquement sur des principes de liberté, et que c'est là seulement ce qui peut rendre justement durable une constitution politique. C'est à tort que l'homme soi-disant pratique croit pouvoir résoudre ce problème en négligeant cette idée et en demandant à l'expérience ce qu'ont été les meilleures constitutions qui ont existé jusque-là, quoique la plupart du temps elles aient violé le droit. — Les maximes dont il se sert dans ce dessein (sans cependant les avouer tout haut) peuvent se ramener aux sophismes suivants :

1. *Fac et excusa*. Saisis l'occasion favorable de prendre arbitrairement possession (d'un droit sur le peuple dont tu gouvernes l'État ou sur un État voisin) ; *après l'action*, la justification pourra se faire avec bien plus de facilité et d'élégance, et il sera bien plus aisé de pallier la violence (surtout dans le premier cas, où le pouvoir suprême est en même temps le souverain législateur, auquel il faut obéir sans raisonner), que si l'on voulait chercher d'abord des raisons convaincantes et écarter les objections. Cette hardiesse même annonce une sorte de conviction intérieure de la légitimité de l'action, et le dieu du succès, *bonus eventus*, est ensuite le meilleur avocat.

2. *Si fecisti, nega*. Ce que tu as fait toi-même, par exemple, pour pousser ton peuple au désespoir et par là à la révolte, nie que ce soit *ta* faute, mais soutiens que c'est celle de l'obstination de tes sujets ; ou, s'il s'agit de la conquête d'un peuple voisin, rejette la faute sur la nature de l'homme, en disant que, si tu ne prévenais pas les autres par la force, tu ne pourrais certainement compter que ceux-ci ne te préviendraient pas de leur côté et ne s'empareraient pas de ce qui t'appartient.

3. *Divide et impera*. C'est-à-dire, y a-t-il dans ton peuple certains chefs privilégiés qui t'aient choisi pour leur souverain (*primus inter pares*), divise-les entre eux et brouille-les avec le peuple ; flatte ce dernier en lui promettant une plus grande liberté, et bientôt tout dépendra absolument de ta volonté. Ou bien convoites-tu des États étrangers, excite entre eux des discordes ; c'est un moyen assez sûr de te

les assujettir les uns après les autres, sous prétexte de défendre toujours les plus faibles.

Personne, il est vrai, n'est plus la dupe de ces maximes politiques, car elles sont déjà toutes universellement connues ; aussi bien n'y a-t-il plus lieu d'en rougir, comme si l'injustice en était par trop éclatante. Car, puisque de grands États ne rougissent que du jugement qu'ils portent les uns des autres et non de celui du vulgaire, et que, quant à ces principes, ce dont ils rougissent, ce n'est pas de les laisser paraître, mais de les appliquer *sans succès* (car, sous le rapport de la moralité des maximes, ils se valent tous), il leur reste toujours *l'honneur politique*, sur lequel ils peuvent sûrement compter, c'est-à-dire l'*agrandissement de leur puissance*, de quelque manière qu'ils y soient arrivés[2].

Tous ces détours où s'engage une politique immorale, sous prétexte de conduire les peuples de l'état de guerre, qui est l'état de nature, à l'état de paix, montrent du moins que, ni dans leurs relations privées, ni dans leurs relations publiques, les hommes ne peuvent se soustraire à l'idée du droit, et qu'ils ne se hasardent pas à fonder ouvertement leur politique sur de simples artifices de prudence, et par conséquent à refuser toute obéissance à l'idée du droit public (ce que l'on voit surtout dans le droit des gens), mais qu'ils lui rendent tous les honneurs qui lui sont dus, alors même qu'ils imaginent toutes sortes de subterfuges et de déguisements pour s'en écarter dans la pratique, et pour faire de la violence aidée de la ruse l'origine et le soutien de tout droit. — Pour mettre fin à ces sophismes (sinon à l'injustice qu'ils servent à déguiser) et forcer les faux *représentants* des puissances de la terre à avouer qu'ils ne plaident pas en faveur du droit, mais de la force, dont ils prennent le ton comme si elle leur donnait le droit de commander, il sera bon de dissiper l'illusion par laquelle ils s'abusent eux-mêmes et abusent les autres, de découvrir le principe suprême sur lequel se fonde le dessein d'arriver à la paix perpétuelle, et de montrer que tout le mal qui y met obstacle vient de ce que le moraliste politique commence là où finit naturellement le politique moraliste, et de ce que, en subordonnant ainsi les principes au but (c'est-à-dire en mettant la charrue avant les bœufs), il ruine son propre dessein, qui est de mettre la politique d'accord avec la morale.

Si l'on veut que la philosophie pratique soit partout conséquente avec elle-même, il faut d'abord résoudre la question de savoir si, dans les problèmes de la raison pratique, on doit débuter par le *principe matériel* de cette faculté, le *but* (comme objet de la volonté), ou bien par le principe *formel*, c'est-à-dire celui qui (concernant simplement la liberté dans les relations extérieures) s'énonce ainsi : agis de telle sorte que tu puisses vouloir que ta maxime devienne une loi générale (quel que soit le but que tu te proposes).

Il est indubitable qu'il faut commencer par ce dernier principe, car il renferme comme principe du droit une nécessité absolue, tandis que le premier n'est nécessitant que dans la supposition de certaines conditions empiriques, c'est-à-dire dans l'hypothèse d'un but que l'on se propose et qu'il s'agit d'atteindre par ce moyen ; et, quand ce but (par exemple la paix perpétuelle) serait lui-même un devoir, encore faudrait-il qu'il eût été déduit du principe formel des maximes de nos actions extérieures. — Or le premier principe, celui du *moraliste politique* (le problème du droit civil, de droit des gens et du droit cosmopolitique) est un problème purement technique (*problema technicum*) tandis que le second, le principe du *politique moraliste*, est un *problème moral* (*problema morale*) ; celui-ci suppose que l'on tend par une route toute différente à la paix perpétuelle, que l'on ne souhaite pas seulement comme un bien physique, mais aussi comme un résultat que doit produire le respect du devoir.

La solution du premier, c'est-à-dire du problème de la prudence politique, exige une connaissance étendue de la nature, car il s'agit d'en appliquer le mécanisme au but que l'on se propose ; et encore le résultat, en ce qui concerne la paix perpétuelle, sera-t-il toujours incertain, quelle que soit celle des trois divisions du droit public que l'on considère. Quel est le moyen le plus propre à maintenir le plus longtemps possible le peuple dans l'obéissance et la prospérité à la fois, de la sévérité ou de l'appât des distinctions qui flattent la vanité, de la puissance d'un seul ou de la réunion de plusieurs chefs, de la noblesse ou de la puissance populaire ? C'est chose incertaine. L'histoire nous fournit des exemples contraires pour toutes les espèces de gouvernement (à l'exception du gouvernement vraiment républicain, qui aussi bien ne peut entrer que dans l'esprit du politique moraliste). — Le *droit des gens*, qui prétend se fonder sur des statuts rédigés d'après les plans des ministres plénipotentiaires, est encore plus incertain ; il n'est même dans le fait qu'un mot vide de sens, car il repose sur des contrats contenant dans le même acte, à l'article des exceptions, la restriction mentale de leur violation. — Au contraire, la solution du second problème, c'est-à-dire du problème de la *sagesse politique*, s'offre pour ainsi dire d'elle-même à chacun ; elle flétrit tous les artifices, et conduit directement au but, sans oublier cependant les conseils de la prudence, qui interdit la précipitation et la violence dans la poursuite de ce but, et qui veut qu'on s'en approche insensiblement en profitant de toutes les circonstances favorables.

Qu'est-ce à dire ? « Cherchez avant tout le règne de la raison pure pratique et sa *justice*, et votre but (le bienfait de la paix perpétuelle) vous sera donné par surcroît.» Car la morale a cela de particulier, même relativement aux principes sur lesquels elle fonde le droit public (par conséquent relativement à cette partie de la politique qui peut être déterminée *à priori*) que, moins elle vise dans la conduite au but proposé, c'est-à-dire à l'avantage, soit physique, soit moral, qu'on a en vue, plus elle y conduit en général. Cela vient de ce que c'est justement la volonté générale donnée *à priori* (dans un peuple ou dans les relations de différents peuples entre eux) qui seule détermine ce qui est de droit parmi les hommes, et que cette union de toutes les volontés, pourvu qu'elle se montre conséquente dans la pratique, peut être en même temps, même d'après le mécanisme de la nature, une cause qui produise l'effet que l'on se propose et qui assure la réalisation de l'idée du droit. — C'est par exemple un principe de la politique morale qu'un peuple ne doit se constituer en État que d'après les idées juridiques de la liberté et de l'égalité, et ce principe ne se fonde pas sur la prudence, mais sur le devoir. Or les moralistes politiques ont beau raisonner sur le mécanisme naturel d'une multitude d'hommes se réunissant en société, lequel affaiblit ces principes et ruine ce dessein ; ils ont beau chercher à prouver leur dire par des exemples empruntés aux constitutions mal organisées des temps anciens et modernes (par exemple aux démocraties sans système représentatif), ils ne méritent pas d'être écoutés ; car ils produisent eux-mêmes le mal dont ils parlent par cette funeste théorie, qui confond l'homme dans une même classe avec les autres machines vivantes, auxquelles il ne manque pour se juger elles-mêmes les êtres les plus misérables du monde, que la conscience de n'être pas libres.

La maxime quelque peu emphatique, mais vraie, *fiat justitia, pereat mundus*, cette maxime, qui est passée en proverbe et qu'on peut traduire ainsi : « Que la justice règne, dussent périr tous les scélérats que renferme le monde, » est un principe de droit hardi et qui coupe tous les chemins tortueux tracés par la ruse ou la violence. Seulement il faut bien l'entendre : il ne nous autorise point à user de notre propre droit avec une extrême rigueur (ce qui serait contraire au devoir de la vertu), mais il oblige les puissants à ne porter atteinte au droit de personne par aversion ou par commisération pour d'autres ; ce qui exige avant tout une constitution intérieure de l'État, fondée sur de purs principes de droit, et ensuite une union établie entre cet État et les autres États voisins ou même éloignés pour terminer légalement leurs différends (quelque chose d'analogue à un État universel). — Cette proposition ne veut dire autre chose, sinon que les maximes politiques ne doivent pas se fonder sur le bien-être et le bonheur, que chaque État peut espérer en retirer, et par conséquent sur l'objet que chacun peut avoir pour but (sur le vouloir) comme principe suprême (mais empirique) de la politique, mais sur la pure idée du devoir de droit (dont le principe est donné *à priori* par la raison pure), quelles qu'en puissent être d'ailleurs les conséquences physiques. Le monde ne périra point parce qu'il y aura moins de méchants. Le mal moral a cette propriété inséparable de sa nature, qu'il se combat et se détruit lui-même en ses desseins (surtout dans les relations de ceux qui ont les mêmes dispositions) et qu'il fait ainsi place, mais par un progrès lent, au principe (moral) du bien.

~

Il n'y a donc pas *objectivement* (en théorie) d'opposition entre la morale et la politique. *Subjectivement*, au contraire (par une suite du penchant égoïste des hommes ; je dirais dans la pratique, si cette expression ne supposait pas une conduite fondée sur les maximes de la raison), il y a et il y aura toujours une opposition de ce genre, car elle sert d'aiguillon à la vertu. Son vrai courage, dans le cas présent (selon la maxime : *tu ne cede malis, sed contra audentior ito*), consiste moins à braver avec une ferme résolution les maux et les sacrifices qui peuvent nous être imposés qu'à attaquer et à vaincre au dedans de nous le mauvais principe, dont l'artificieux mensonge et les sophismes perfides tendent sans cesse à nous persuader que la fragilité humaine justifie tous les crimes.

Dans le fait le moraliste politique peut dire que le prince et le peuple ou le peuple et le peuple ne se font pas *réciproquement* tort quand ils emploient la force ou la ruse pour se combattre, quoiqu'ils aient tort en général de refuser tout respect à l'idée du droit, qui seule pourrait fonder une paix éternelle. Car, puisque l'un viole son devoir envers l'autre, qui est tout aussi malintentionné à son égard, il leur *arrive* à tous deux une chose juste, quand ils s'entre-détruisent, mais de façon à ce qu'il reste encore assez de cette race pour faire durer ce jeu jusque dans les siècles les plus reculés et fournir ainsi à la postérité une effrayante leçon. La Providence qui règle le cours du monde est ici justifiée ; car le principe moral ne s'éteint jamais dans l'homme, et les progrès sans cesse croissants de la raison le rendent pragmatiquement plus propre à réaliser ; conformément à ce principe, les idées juridiques, mais aussi plus coupable quand il y manque. Pourtant la création qui a mis sur la terre une telle race d'hommes perdus en général ne semble pouvoir être justifiée par aucune théodicée (si l'on admet que le genre humain ne puisse jamais s'améliorer) ; mais le point de vue où devrait se placer notre jugement est beaucoup trop élevé pour que nous puissions appliquer, sous le rapport théorétique, nos idées (sur la sagesse) à la puissance infinie, laquelle nous est impénétrable. — Telles sont les déplorables conséquences auxquelles on est inévitablement conduit, quand on n'admet pas que les purs principes du droit aient de la réalité objective, c'est-à-dire qu'ils soient praticables. Quoi que puisse objecter la politique empirique, c'est d'après ces principes que doivent agir le peuple dans l'État et les divers États dans leurs rapports entre eux. La vraie politique ne peut donc faire un pas sans avoir auparavant rendu hommage à la morale ; et, si la politique est par elle-même un art difficile, jointe à la morale, elle cesse d'être un art, car celle-ci tranche les nœuds que celle-là ne peut délier, aussitôt qu'elles ne sont plus d'accord. — Les droits de l'homme doivent être tenus pour sacrés, quelque grands sacrifices que cela puisse coûter au pouvoir qui gouverne. On ne saurait faire ici deux parts égales et imaginer le moyen terme d'un droit soumis à des conditions pragmatiques (tenant le milieu entre le droit et l'utilité) ; mais toute politique doit s'incliner devant le droit, et c'est ainsi seulement qu'elle peut espérer d'arriver, quoique lentement, à un degré où elle brille d'un éclat durable.

II.
De l'accord que le concept transcendental du droit public établit entre la politique et la morale.

Quand je conçois le droit public (suivant les différentes relations, données par l'expérience, des hommes entre eux dans l'État ou même des États entre eux), comme les jurisconsultes ont coutume de se le représenter, en faisant abstraction de toute *matière*, il me reste encore la *forme de la publicité*, dont toute prétention juridique suppose la possibilité, puisque sans elle il n'y aurait pas de justice (car la justice ne peut être conçue que comme *publique*), et par conséquent pas de droit, car le droit ne peut être rendu que par la justice.

Toute prétention juridique doit avoir ce caractère de publicité ; et, comme il est très-aisé de juger si ce caractère se rencontre dans un cas qui se présente, c'est-à-dire si on peut ou non le concilier avec les principes de l'agent, il peut fournir ainsi un critérium venant *a priori* de la raison, et dont il est aisé de se servir pour reconnaître aussitôt, dans le dernier cas, au moyen d'une sorte d'expérimentation de la raison pure, la fausseté (l'injustice) de la prétention dont il s'agit (*prætensio juris*).

Quand on a fait ainsi abstraction de tout ce que l'idée du droit civil et du droit des gens peut contenir d'empirique (comme ce qu'il y a de mauvais dans la nature humaine ou ce qui rend la contrainte nécessaire), on a la proposition suivante, que l'on peut appeler la *formule transcendentale* du droit public :

« Toutes les actions relatives au droit d'autrui, dont la maxime n'est pas susceptible de publicité, sont injustes. »

Ce principe ne doit pas être seulement considéré comme un principe *éthique* (appartenant à la doctrine de la vertu), mais encore comme un principe *juridique* (concernant le droit des hommes). En effet, une maxime qu'on ne saurait *déclarer tout haut* sans renverser par là même le but que l'on poursuit, qu'il faut absolument tenir *sécrète* sous peine de ne pas réussir, et que l'on ne pourrait *faire connaître publiquement* sans soulever inévitablement contre son dessein l'opposition de tous, une telle maxime ne peut devoir qu'à l'injustice dont elle menace chacun cette résistance universelle et nécessaire, et qui par conséquent peut être aperçue a priori. — Ce principe est d'ailleurs purement *négatif*, c'est-à-dire qu'il ne sert qu'à reconnaître ce qui n'est *pas juste* à l'égard d'autrui. — Il a, comme un axiome, une certitude qui n'a pas besoin de démonstration, et il est en outre d'une application facile, comme on peut le voir par les exemples suivants, tirés du droit public.

I. *En ce qui concerne le droit civil (jus civitatis)*, c'est-à-dire le droit intérieur, nous rencontrons une question que beaucoup regardent comme difficile à résoudre et que le principe transcendental de la publicité résout très aisément : c'est la question de savoir « si la révolte est pour un peuple un moyen légitime de renverser le pouvoir oppresseur de ce qu'on nomme un tyran (*non titulo, sed exercitio talis*).» Les droits du peuple sont violés, et l'on ne commet point d'injustice à l'égard du tyran en le détrônant ; cela est hors de doute. Il n'en est pas moins vrai que les sujets agissent très injustement en poursuivant leur droit de cette manière, et qu'ils ne pourraient crier à l'injustice s'ils avaient le dessous dans cette lutte et s'ils se voyaient par suite frappés des plus durs châtiments.

Si l'on veut décider la question par une déduction dogmatique des principes du droit, on peut argumenter beaucoup pour et contre ; mais le principe transcendental de la publicité du droit public nous épargne toutes ces difficultés. D'après ce principe, qu'un peuple se demande si, avant l'institution du contrat social, il oserait bien *publier* la maxime d'après laquelle il se réserverait le droit à l'insurrection dans certains cas. On voit tout de suite que, si, en fondant une constitution, le peuple voulait se réserver la condition d'employer dans certains cas la violence contre le souverain, il s'arrogerait un pouvoir légitime sur lui. Mais alors celui-ci cesserait d'être le souverain ; ou, si l'on voulait faire de ces deux choses une condition de la constitution de l'État, il n'y aurait plus de constitution possible, ce qui serait contraire au but que se propose le peuple. L'injustice de la rébellion se manifeste donc en ce que la *publicité* de la maxime qui la permettrait rendrait son but même impossible. Il faudrait donc nécessairement la tenir secrète. — Mais cette dernière condition ne serait pas également nécessaire du côté du chef de l'État. Il peut déclarer publiquement qu'il punira de mort tous les auteurs de révolte, quand même ceux-ci croiraient qu'il a le premier violé la loi fondamentale ; car, s'il a conscience de posséder un pouvoir *irrésistible* (ce qu'il faut bien admettre dans toute constitution civile, puisque celui qui n'aurait pas assez de pouvoir pour protéger chacun contre les autres ne pourrait avoir le droit de commander à chacun), il ne peut craindre d'agir contre son propre but en publiant sa maxime. Une conséquence non moins évidente du même principe, c'est que, si le peuple réussit dans sa révolte, le souverain, rentrant dans la classe des sujets, ne doit pas renouveler la rébellion pour remonter sur le trône, mais qu'il ne doit pas non plus avoir à craindre d'être mis en jugement pour son administration antérieure.

II. *Droit des gens.* — Il ne peut être question d'un droit des gens que dans la supposition de quelque état juridique (c'est-à-dire de cette condition extérieure sans laquelle l'homme ne pourrait jouir réellement d'un droit). En effet, comme droit public, l'idée du droit des gens contient déjà celle de la publication d'une volonté universelle, attribuant à chacun le sien, et ce *status juridicus* doit procéder de quelque contrat, qui n'a pas besoin (comme celui d'où résulte un État) d'être fondé sur des lois de contrainte, mais qui en tous cas peut être celui d'une association *permanente* et *libre*, comme cette fédération de divers États dont il a été question plus haut. Car, en l'absence d'un *état juridique* qui unisse réellement les différentes personnes (physiques ou morales), par conséquent dans l'état de nature, il ne peut y avoir d'autre droit qu'un droit purement privé. — Or nous retrouvons encore ici une lutte de la politique avec la morale (considérée comme doctrine du droit), où le *critérium* de la publicité des maximes trouve une application également facile, mais à la condition que les États, en se réunissant au moyen d'un contrat, n'auront d'autre but que de se maintenir en paix les uns avec les autres et nullement d'entreprendre des conquêtes. — Voici les cas où s'élève cette antinomie entre la politique et la morale ; j'y joins en même temps la solution.

A. « Si un État a promis à un autre soit des secours, soit la cession de quelque province, soit des subsides, etc., peut-il, dans le cas où le salut de l'État en dépend, s'exempter de tenir sa parole, par cette raison qu'il doit être considéré sous un double point de vue, d'abord comme *souverain*, n'ayant sous ce rapport à répondre de sa conduite à personne, et ensuite simplement comme le premier *fonctionnaire de l'État*, devant, à ce titre, rendre des comptes à l'État ; d'où il tire cette conséquence que, s'il s'est engagé à quelque chose en la première qualité, il peut s'en affranchir en la seconde ? » — Mais, si un État (ou son chef) donnait publiquement cette maxime pour sienne, il arriverait naturellement ou bien que tous les autres le fuieraient ou bien qu'ils se ligueraient entre eux pour résister à ses prétentions, ce qui prouve que sur ce pied (de la franchise), la politique, avec toute son habileté, manquerait le but qu'elle poursuit, et que par conséquent cette maxime doit être déclarée injuste.

B. « Si un État voisin devient une puissance redoutable (*potentia tremenda*) et inspire des inquiétudes, peut-on admettre qu'il *voudra* opprimer les autres parce qu'il le *peut* et cela donne-t-il aux puissances inférieures le droit de se liguer entre elles pour l'attaquer, même avant d'en avoir reçu aucune offense ? » — Un État qui *professerait publiquement* cette maxime ne ferait que s'attirer le mal plus sûrement et plus vite ; car la puissance supérieure préviendrait les inférieures, et la coalition de ces dernières serait une bien faible défense contre celui qui saurait pratiquer le *divide et impera*. — Cette maxime de la politique, rendue publique, anéantit donc nécessairement elle-même son propre but, et par conséquent elle est injuste.

C. « Si un petit État interdit par sa position aux parties d'un État plus grand un rapprochement qui est cependant nécessaire à la conservation de celui-ci, ce dernier n'est-il pas fondé à soumettre le premier et à se l'incorporer ? » — On voit aisément qu'il ne pourrait publier d'abord une pareille maxime, car ou bien les plus petits États s'uniraient de bonne heure contre lui, ou bien d'autres grandes puissances lui disputeraient cette proie, et par conséquent cette maxime se rendrait elle-même impraticable par sa publicité ; preuve qu'elle est injuste. Elle peut même l'être à un très haut degré, car l'objet d'une injustice a beau être petit, cela n'empêche pas que l'injustice commise à son égard ne puisse être très grande.

III. Pour ce qui est du *droit cosmopolitique*, je le passerai ici sous silence ; car, à cause de son analogie avec le droit des gens, il est facile d'en indiquer et d'en apprécier les maximes.

∽

Le principe de l'incompatibilité des maximes du droit des gens avec la publicité nous fournit donc ici un excellent critérium pour reconnaître les cas où la politique *ne s'accorde pas* avec la morale (comme doctrine du droit). Mais il faut savoir aussi à quelle condition ses maximes s'accordent avec le droit des gens. En effet, de ce qu'elles comportent la publicité, on ne peut pas conclure certainement qu'elles soient justes, car celui qui a une supériorité décidée n'a pas besoin de tenir ses maximes secrètes. — La condition de la possibilité d'un droit des gens en général, c'est qu'il existe d'abord un *état juridique*, car sans cela il n'y a pas de droit public ; tout droit que l'on peut concevoir en dehors de cet état est un droit purement privé. Or nous avons déjà vu qu'une fédération de puissances, ayant simplement pour but d'écarter la guerre, était le seul état *juridique* compatible avec la *liberté* de ces puissances. L'accord de la politique avec la morale n'est donc possible qu'au moyen d'une union fédérative (cette union par conséquent, au point de vue des principes du droit, est donnée *a priori* et elle est nécessaire) ; et toute la politique a pour fondement juridique l'établissement d'une union de ce genre, dans sa plus grande extension ; autrement toute son habileté n'est qu'imprudence et secrète injustice. — Cette basse politique a sa *casuistique*, qui ne le cède en rien à celle des meilleurs jésuites : — la restriction mentale (*reservatio mentalis*) dont elle fait usage dans la rédaction des traités publics où elle a soin d'employer des expressions qu'elle puisse, selon l'occasion, interpréter à son avantage (par exemple la distinction du *statu quo de fait* et *de droit*) ; — le *probabilisme* (*probabilismus*), qui consiste à imaginer dans les autres de mauvais desseins ou à chercher dans l'apparence d'une supériorité possible un motif légitime de miner des États pacifiques ; enfin le *péché philosophique* (*peccatum philosophicum, peccatillum, bagatelle*), qui consiste à regarder comme une peccadille très pardonnable l'absorption d'un petit État par un plus grand, qui prétend agir en cela pour le plus grand bien du monde[3].

La duplicité de la politique qui accommode la morale à sa guise fournit le prétexte dont on a besoin pour tourner à ses fins l'une ou l'autre de ces sortes de maximes. — L'amour des hommes et le respect de leurs *droits* sont également un devoir ; mais le premier devoir n'est que *conditionnel*, tandis que le second est *inconditionnel*, c'est-à-dire est un commandement absolu, qu'il faut d'abord être parfaitement sûr de ne pas transgresser, pour pouvoir se livrer au doux sentiment de la bienfaisance. La politique s'accorde aisément avec la morale dans le premier sens (dans le sens de l'éthique), pour livrer les droits des hommes à leurs supérieurs. Mais, quant à la morale entendue dans le second sens (comme doctrine du droit), au lieu de fléchir le genou devant elle comme elle le devrait, elle trouve plus commode de ne pas chercher à s'entendre avec elle, de lui refuser toute réalité et de réduire tous les devoirs à la pure bienveillance. Or cet artifice d'une politique ténébreuse serait bientôt démasqué par la publicité que la philosophie donnerait à ses maximes, si elle osait permettre aux philosophes de publier leurs principes.

Dans cette vue je propose ici un autre principe transcendental et affirmatif du droit public, dont la formule serait :

« Toutes les maximes qui *ont besoin* de publicité (pour ne pas manquer leur but) s'accordent avec le droit et la politique ensemble. »

En effet, si elles ne peuvent atteindre leur but que par la publicité, elles doivent être conformes au but général du public (au bonheur), avec lequel le problème propre de la politique consiste à se mettre en harmonie (de telle sorte que chacun soit content de son état). Mais, si l'on ne peut atteindre ce but qu'au moyen de la publicité des maximes, c'est-à-dire en repoussant loin d'elles tout sujet de défiance, il faut encore qu'elles s'accordent avec les droits du public, car il n'y a que le droit qui rende possible l'harmonie de toutes les fins. Je renvoie à une autre occasion le développement et l'éclaircissement de ce principe ; qu'il me suffise ici de dire que c'est là une formule transcendentale, comme on le voit aisément en remarquant que toutes les conditions empiriques (de la doctrine du bonheur), comme matière de la loi, en sont écartées, et qu'on n'y a égard qu'à la forme de loi universelle.

~

Si c'est un devoir, auquel s'ajoute une espérance fondée, de réaliser le règne de droit public, mais par un progrès s'étendant à l'infini, la *paix perpétuelle*, qui doit succéder à ce que l'on a nommé faussement jusqu'ici des traités de paix (il serait plus juste de les appeler des *trêves*), n'est pas une idée vide, mais un problème qui, recevant peu a peu sa solution, se rapprochera toujours davantage de son but (car il faut espérer que les mêmes progrès se feront dans des temps de plus en plus courts).

---

1. C'est une conséquence des lois permissives de la raison, que l'on peut laisser subsister un droit public, entaché d'injustice, jusqu'à ce que tout se soit préparé de soi-même à une régénération complète, ou que la maturité soit amenée par des moyens pacifiques. C'est qu'une constitution *juridique* quelconque, quoiqu'elle ne soit que médiocrement conforme au droit, vaut encore mieux que l'absence de toute constitution,

ou l'état d'anarchie qu'une réforme *précipitée* ne manquerait pas de produire. — La politique se fera donc un devoir de réformer l'état actuel des choses conformément à l'idéal du droit public ; mais elle ne se servira point des révolutions qu'amène la nature des choses, pour s'autoriser à une oppression plus tyrannique encore ; elle en profitera, au contraire, comme d'un avertissement de la nature, pour établir, par de solides réformes, une constitution fondée sur des principes de liberté, la seule qui soit durable.

2. Si l'on peut douter qu'une certaine méchanceté soit enracinée dans la nature humaine, lorsqu'il s'agit *d'hommes* réunis en un État, et attribuer avec quelque apparence de raison à un défaut de culture (à un reste de barbarie) certains sentiments contraires au droit, cette méchanceté se montre à découvert et d'une façon irrécusable dans les relations extérieures des *États* entre eux. Dans l'intérieur de chaque État elle est voilée par la contrainte des lois civiles, car le penchant à des actes de violence réciproque se trouve puissamment combattu chez les citoyens par une puissance supérieure, celle du gouvernement ; et ainsi non-seulement l'ensemble revêt une couleur morale (*causæ non causæ*), mais encore, par cela même qu'une barrière est opposée à l'effervescence des penchants illégitimes, le développement des dispositions morales, qui nous portent à respecter immédiatement le droit, devient réellement beaucoup plus facile. — En effet, chacun s'imagine qu'il tiendrait pour sacrée et qu'il observerait fidèlement l'idée du droit, s'il pouvait attendre la même chose de tous les autres ; or le gouvernement lui donne en partie cette garantie, et (quoique ce ne soit pas encore un pas moral) il y a ainsi un grand pas de fait *vers* la moralité, laquelle consiste à se soumettre à l'idée du devoir pour elle-même et indépendamment de tout espoir de retour. Mais, comme chacun, nonobstant la bonne opinion qu'il a de lui-même, ne manque pas de supposer de mauvais sentiments chez les autres, de là ce jugement que tous portent les uns sur les autres, à savoir qu'*en fait* ils ne valent pas grand'chose (d'où vient ce fait, puisqu'on n'en peut accuser la *nature* de l'homme, comme être libre, c'est ce que nous n'avons pas besoin d'examiner ici). Mais aussi, comme le respect pour l'idée du droit, respect auquel l'homme ne peut absolument se soustraire, sanctionne de la manière la plus solennelle la théorie qui suppose le pouvoir de s'y conformer, chacun voit qu'il doit s'y conformer de son côté, quelle que soit d'ailleurs la conduite des autres.

3. On trouvera des exemples de l'application de toutes ces maximes dans la dissertation de M. le conseiller *Garve* (*sur*

l'*Union de la morale avec la politique*, 1788). Ce digne savant avoue presque dès le début ne pouvoir donner une solution satisfaisante à cette question. Mais déclarer bonne cette union et en même temps avouer qu'on ne peut lever entièrement les objections qu'elle soulève, n'est-ce pas accorder une trop grande facilité à ceux qui sont très disposés à en abuser ?

Copyright © 2022 par FV Éditions
Couverture et mise en page : Canva.com, FV Ed.
ISBN Ebook 979-10-299-1427-0
ISBN Livre broché 979-10-299-1428-7
Tous Droits Réservés

www.ingramcontent.com/pod-product-compliance
Lightning Source LLC
LaVergne TN
LVHW031607060526
838201LV00063B/4763